本书工具列表

清晰传递信息

STEP-1 设计标题		设计标题要符合 SPA
		设计标题的技巧
STEP-2 撰写序言		讲故事的 SCQA 方式
STEP-3 展开内容		侧重于描述说明的并列式，侧重于澄清问题的层进式

准确总结工作

STEP	行动	成果 / 目的	说明
STEP-1 成果分类			"行动—成果"表提炼成果
	开放式分类 / 封闭式分类		对成果进行分类

STEP-2 排序整理		三种表达顺序对成果 进行梳理
STEP-3 总结概括		使用两种方法概括， 形成结论

充分说服他人

STEP-1 明确观点	
STEP-2 疑问回答	

STEP-3 逻辑归整	

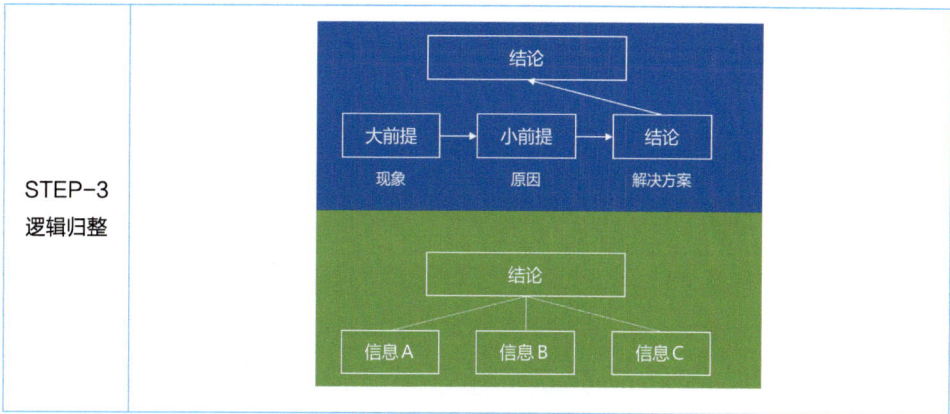

有力汇报方案

STEP-1 描述问题 定方向	
STEP-2 基于目标 定主题	

对问题的解决方案　……

问题方向	参考问题	对问题的描述
What	什么东西发生了什么问题？	……
Who	谁发现？谁负责？谁处理？	……
Why	为什么这个成为了一个问题？	……
When	什么时候发生的 / 发现的？	……
Where	在哪里发生的 / 发现的？	……
How	问题是如何发生的？	……
How much	多少事物出了问题？问题出到什么程度？数量如何？	……

WA方法 锁定写作目标

Who 说服对象是谁

Achievement 期望通过说服取得的成果

Profit 利益相关

Simple 简单明确

Accurate 准确客观

SPA

SCQA序言

S 情境 Situation

C 冲突 Complication

Q 疑问 Question

A 回答 Answer

STEP-3 纵向结构 分层次	
STEP-4 横向结构 选顺序	
STEP-5 形象表达 做演示	

结构化写作

李忠秋 刘晨 张玮／著

心中有谱、下笔有神，
赢得职场说服力

人 民 邮 电 出 版 社

北 京

图书在版编目（CIP）数据

结构化写作：心中有谱、下笔有神，赢得职场说服力 / 李忠秋，刘晨，张玮著. -- 北京：人民邮电出版社，2017.11
ISBN 978-7-115-47048-5

Ⅰ. ①结… Ⅱ. ①李… ②刘… ③张… Ⅲ. ①商务—应用文—写作 Ⅳ. ①F7

中国版本图书馆CIP数据核字(2017)第248857号

内 容 提 要

本书核心内容包括导论、基础篇、方法篇。其中，导论部分主要强调职场写作技能的必要性和重要性，并解释何为"结构化写作"；基础篇介绍了"结构思考力"的四个核心原则；方法篇则针对四类职场常见的写作场景，就如何使用"结构化写作"方法进行谋篇布局做了详细介绍。

本书适合作为职场商务人士的写作指导用书，也可供对结构化思考感兴趣的人士阅读和参考。

◆ 著　　　　李忠秋　刘晨　张玮
　　责任编辑　古显义
　　责任印制　马振武

◆ 人民邮电出版社出版发行　　北京市丰台区成寿寺路 11 号
　　邮编　100164　电子邮件　315@ptpress.com.cn
　　网址　http://www.ptpress.com.cn
　　北京天宇星印刷厂印刷

◆ 开本：720×960　1/16　　　彩插：2
　　印张：12　　　　　　　　2017 年 11 月第 1 版
　　字数：219 千字　　　　　2025 年 1 月北京第 23 次印刷

定价：45.00 元
读者服务热线：(010)81055256　印装质量热线：(010)81055316
反盗版热线：(010)81055315
广告经营许可证：京东市监广登字 20170147 号

有一个电视节目的片段让我印象深刻。一位5岁的小女孩，说话非常清晰且很有条理。主持人问她的妈妈是如何训练孩子说话的。妈妈说，也没有什么特别的，就是规定小女孩如果提出某个要求，比如想吃什么、想买什么，至少要说出3条理由。

当时看到这一幕我非常激动，心想，这不就是"重要的事情说3点"嘛！

其实，"结构思考力"并不高远，它一直就在你我身边！

自结构思考力学院成立至今，我们已经通过线上（微课、训练营）、线下（公开课、企业内训）的方式将"结构思考力"的理念和方法带给了数百万人。无数的企业负责人、管理者、员工，甚至自由职业者、学生，都向我们表达过感谢，表示自己原有的思维模式受到了很大冲击，从方法中收益良多，工作甚至生活也潜移默化地受到了影响。我们很欣慰地看到这一切，因为我们的努力产生了成效。我们相信"涓涓细流"终将汇成大海。

与此同时，我们也收到很多关于"写作"方面的反馈：管理者向我们抱怨，下属写的邮件、提交的报告、撰写的方案等，让他们感到非常"头疼"——满眼都是散乱文字的堆砌、看不到重点和主线、概念模糊不清、逻辑推理不严密、前后论证不合理……当然，很多中、基层管理者自身在写作方面同样也存在类似问题。

他们提出的问题总结起来也就是三个方面：不愿看、看不懂、记不住。

看的人难受，写的人其实也觉得费劲。同样有很多人向我们讲述了自己的"难处"：要么面对一个主题两眼茫然，大脑短路，一片空白，完全不知道从哪里下手；要么面对手头的一堆资料、素材不知如何处理，各种千条万绪的信息在脑袋里纠缠不清，理不出头绪。

根据我们长期的观察和分析，发现多数职场人士"不善"写作的核心问题不在于是否拥有丰富的词汇或者华丽的文采，也就是说问题并非出在"写"本身，而是源于其背后起到支撑作用的"思维"出了问题——缺乏系统思维的能力，不善于发现事物之间的内在关联，使得大脑中的信息零散而混乱。在这种思维状态下进行写作，就难以快速而清晰地构建出行文布局的整体框架，信息素材的组织也体现不出条理性和逻辑性，最后写出的"作品"让人不愿看、看不懂、记不住。

对于这一点，芭芭拉·明托女士早已证实。回头看看，我们设计开发这门课程的初衷竟与她当初提出"金字塔原理"时的境况不谋而合。我们要向芭芭拉·明托女士致敬，我们不过是站在巨人的肩膀上，将她的理念和方法做了进一步拓展和延伸。当然，还有创新和突破。

为了帮助职场人士走出"写作难"的困境，我们基于"结构思考力"理论体系设计开发了"结构化写作"课程，从位于更深层面的"思维"角度切入写作。

目前，该课程已经通过在线微课及训练营的形式在互联网上推广，会有越来越多的职场人士及在校大学生参与到"结构化写作"的学习中。

为了让更多的人有机会了解这一套方法，我们结合课程的核心内容编写了本书。课程理念源于"结构思考力"，因此我们期望本书能够帮助更多的职场人士甚至在校学生从思维的层面提高或改善写作能力。相信这样的改变对于个人成长和职业发展而言也会更加有效和持久。我们相信，思维能力的提升会产生"杠杆效应"——思维能力的改善和提高可以"撬动"思考、表达（口头、书面）、解决问题等其他方面能力的提升。

写作是一个很大的课题，泛泛而谈毫无意义，因此在设计之初我们就确立了清晰的定位——我们要设计的"写作"课程不是小说、散文类的文艺性写作，也不是微信公众号里那些极富煽动性的软文写作，而是在商务环境下、职场环境中正式表达、沟通时用到的写作。

即便有了明确的定位，但商务环境下的写作所涵盖的范围依然很大。不同行业、不同企业、不同职能、不同岗位所涉及的具体写作环境和需求都不尽相同。如何通过有限的内容撬动更大范围的应用，从而触及更多的写作需求？结构思考力告诉我们，面对复杂局面，一个非常有效的处理方式就是"分类"。

我们根据写作承载的主要目标，将职场环境中常见的写作场景分为四类。

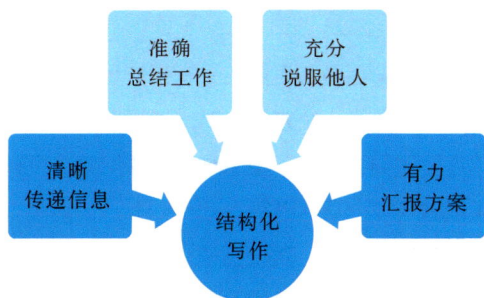

- **清晰传递信息：**在短时间内快速构建写作的框架并组织语言，清晰地表达自己的核心内容。
- **准确总结工作：**通过对工作成果的系统性梳理和提炼，形成一份有思想、有高度的工作总结。
- **充分说服他人：**强调换位思考，想对方所想，并通过逻辑推理的运用强化说服性写作的严谨性。
- **有力汇报方案：**通过系统而全面的五大步骤，写出具有完整框架结构、图文并茂的大型方案。

为了践行"改善国人思维"的使命，我们一直在不断地创新和突破。本书的出版也是结构思考力学院迈出的全新一步——将"结构思考力"的应用范围延伸至"职场写作"领域。

从"结构思考力"到"结构化写作"，我们实际上走了一条 **"总—分—总"** 的路线。

"结构思考力"理论体系以"三层次思维模型"为核心，并以其为基础形成结构化表达的"五大步骤"，而这五个步骤又包含了大量的工具。我们将这些工具进行拆解，再与设定的四类职场写作场景进行融合，最终建立起一套能够覆盖到大部分工作环境的职场写作的方法。

而在四类场景的设定上，我们并没有遵循 MECE 原则做到"不重叠"。因为在实际情况下，不同场景的写作方法没有特别清晰的边界，而是互有交叉。因此，我们在方法的设计上设置了一定的弹性，避免过于死板和僵硬。而在整体布局上，根据不同场景的需求和重点，我们将工具拆开，分布在前三类场景中，而在第四个场景中重新汇集为五大步骤。

事实上，虽然"结构思考力"并非专门针对写作，但我们早已在为各大企业提供培训时就用来指导职场人士进行商务写作的训练了。从学员的反馈和最终效果来看，"结构思考力"从思维层面改善人们写作能力的方式是非常有效的，可以说无意间为本书的成型奠定了理论和实践基础。

写作固然需要方法，但其背后更加重要的是有相应思维能力的支撑。如果只是停留在对方法表面的理解，那只能是学一个方法应对一种情况，可能再遇到新的情况便会束手无策。因此，我们始终强调要"拔高"至思维层面看问题，只有从本质上了解方法背后的逻辑原理，才有可能做到"一通百通"。

当然，本书不仅适用于职场人士，对于在校大学生也同样适合。虽然大学生尚未涉足职场，但是写作方法背后的思维方式是相通的。另外，本书含有大量的实际案例，有助于学生理解方法是如何应用于实践的。

由于企业对于培训所投入的资源是有限的，许多职场人士（尤其是中小企业及大企业的基层员工）都难以接触到优质的培训课程，个人的成长和职业生涯的发展很容易遭遇瓶颈。我们希望本书对那些追求卓越、寻求突破的职场人士有所启发和帮助。同时，在校学生也能通过本书了解到职场写作的主要场景和需求，并掌握应对的方法，为其以后进入职场奠定写作技能的基础。

我们欢迎读者朋友带着批判的眼光来看这本书。我们所总结的方法必然存在缺陷和不足，也必然存在思维水平不高所导致的局限。如果您有更好的思路和想法，请不吝指正。

编著者

2017 年 8 月

如何阅读本书

本书包括导论、基础篇、方法篇。其中,导论部分主要强调职场写作技能的必要性和重要性,并解释说明何为"结构化写作";基础篇介绍了结构化写作的立足之本——"结构思考力"的四个核心原则;方法篇则针对四类职场常见的写作场景,就如何使用"结构化写作"的方法进行谋篇布局做了详细介绍。

"导论"部分可以根据您的实际情况选择看或不看。

"基础篇"所介绍的四个核心原则"论、证、类、比"必须在阅读"方法篇"之前进行深入了解。这四个原则将在您的写作过程中起到指引的作用,而最后完成的内容也要使用四个原则进行评估,从而发现其中不完善的地方。无论使用"方法篇"中的何种方法,最终写出来的内容一定要符合"论、证、类、比"的要求。因此,"基础篇"非常重要。当然,如果之前已经对"结构思考力"进行过系统的学习,并掌握了四个核心原则的运用,则可以跳过本篇直接进入"方法篇"。

"方法篇"包括四类场景下的写作方法。如前所述,前三类场景涉及的方法、工具将在最后一类场景汇集。虽然单从场景看四者之间并没有层层递进的关系,但在工具层面,不同场景下使用的工具都互有联系。我们建议读者按顺序阅读四类场景的内容,随着阅读的深入,要随时与前面已经看过的内容进行关联。一方面可以加深对知识点的理解,另一方面则有利于发现分布在不同场景下的工具之间的联系,便于对所有的方法和工具形成系统性的理解和认知。

需要特别说明的是,在方法篇中,我们对内容的规划借鉴了"库伯学习圈"理论。大卫·库伯在总结约翰·杜威、库尔特·勒温和皮亚杰经验学习模式的基础上,提出了自己的经验学习模式——经验学习圈理论(experiential learning)。库伯认为,经验学习的过程是由四个适应性学习阶段构成的环形结构。四个阶段包括体验、反思内省、归纳和应用。如下图所示,这四个阶段不是独立存在,而是连续的且随时有可能发生的。

　　基于库伯学习圈的四个学习阶段及该理论在技能训练领域的应用，我们把方法篇中的各个步骤分为"WHY-WHAT-HOW-IF"四个部分，如下图所示。如此，读者阅读本书实际上是经历了一次完整的学习过程，而不仅仅只是"读书"。

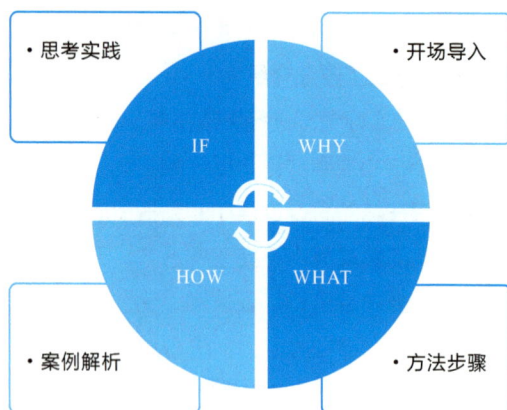

- **WHY：** 作为开场或导入的环节。我们通过一些有趣的现象或故事回答读者"为什么"的问题。
- **WHAT：** 作为核心知识点的环节。我们对相应的概念、方法和技巧进行详细的说明，回答读者"是什么"的问题。
- **HOW：** 作为案例分析的环节。我们针对具体的案例进行分析，帮助读者对方法建立起更具体的认知，回答读者"怎么用"的问题。
- **IF：** 作为思考总结的环节。我们会列出一些问题来引发读者的思考，希望读者突破传统的阅读习惯，采用"分析式阅读"，甚至是"批判性阅读"。

　　同时，在每个场景结束时，我们设置了相应的练习和实践任务。本书带给大家的是一些实用性非常强的方法。如何将这些方法转变为自己的技能？没有捷径可走，唯有通过大量的练习与实践才能实现这样的转变。

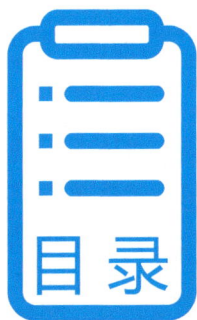

目 录 Contents

导论

增强

心竞争力的"结构化写作"

在这个靠"码字"就能成功打造个人品牌、并获得良好的经济收益的时代，写作能力被提升到了一个新的高度。"写作"这个原本不是那么特别的词被赋予了更多的内涵，好像人人都可以通过写文章建立起独特的个人品牌，并收获某种成功。能达到这种状态固然可喜，但对于大多数人来说，人生的主战场还是在商务环境下的职场。在职场中打拼和奋斗的人们，更关注如何提升和加强自己的核心竞争力，这才是职场人士的"正事儿"。

职场人士的核心竞争力有哪些呢？很多，随便一想就是一大堆。我们单从信息传递的维度，就可以总结为"听、说、读、写"的能力。其中"听"和"读"是一种"输入"——调动耳朵和眼睛接收信息，"说"和"写"则是一种"输出"——使用嘴和手表达信息。对"说"和"写"，我们还可以称之为"口头表达"和"书面表达"。

在职场的大多数场景下，"输出"能力显得尤为重要，因为它能为你争夺"话语权"。

对于"写"这样一个书面表达的能力，不仅仅是简单的语句组合的技巧，更是一个人思维能力和知识水平的体现，它反映了一名职场人士的整体职业素养。在其他条件旗鼓相当的前提下，思维敏捷、能言善辩者定是领导提携和培养的首选之人。可见写作能力是实现个人价值的核心竞争力。

一、职业发展需要强大的写作能力

《明朝那些事儿》里面有这么一段，让我印象非常深刻。

> 吴晗先生统计过，从洪武十七年(1384)九月十四日到二十一日，仅仅八天内，他收到了一千六百六十六件公文，合计三千三百九十一件事，平均每天要看两百份文件，处理四百件事情。
>
> 这真是一个让人胆寒的数字，朱元璋时代没有劳动法，他干八天也不会有人给他加班费。但他就这么不停地干下去，这也使得他很讨厌那些半天说不到点子上的人。有一个著名的故事就表现了这一点，当时的户部尚书茹太素曾经上了一篇奏折给朱元璋，朱元璋让人读给他听，结果，读到一半就用了将近三个钟头时间，都是什么三皇五帝、仁义道德之类，朱元璋当机立断，命令不要再读下去，数了下字数，已经有一万多字了。
>
> 朱元璋气极，命令马上传茹太素进见，让侍卫把他狠狠地打了一顿。

我们把重点数字拎出来：8天，1666件公文，合计3391件事。朱元璋这个老板当得真是不轻松！再看看他的"员工"茹太素(还是一位"高管")的关键数据：3个钟头，10000多字。老板这么忙，茹尚书奏折还说不到重点，浪费老板的宝贵时间，挨一顿揍也算是轻的了。

古代没有计算机，没有网络，官员们汇报工作主要是通过写奏折。文笔好的官员往往更容易脱颖而出，赢得皇帝的青睐，从而实现"职业生涯"的良好发展，甚至走向人生的巅峰。

我们把镜头拉回现代。信息技术的发达，通信网络的广泛覆盖，让我们的沟通异常便利。那么，写作是否已经变得毫无意义了？

结果恰恰相反！

信息交流的便利反而更加凸显了写作的意义和作用。想想那些风头正劲的自媒体、公众号，便能感受到写作产生的震撼力量。

写作可谓古代职场的基本技能，甚至核心技能。现代职场又如何？有过之而无不及。

身处职场，我们随时都要将自己的想法转化为文字，或写在纸上，或敲进电脑，抑或印刷出来，然后传递给其他人，让他们了解我们所要表达的想法。这是一个显性化的过程，也是一个转化的过程。如何将原本隐藏在自己大脑中的那些想法有效地提取出来，然后组织语言形成文字，最后清晰准确地呈现在他人面前，这需要强大的写作能力。

为什么职场中善写之人更容易得到领导的青睐？真的是因为 "写作能力强" 吗？我们从更深层的角度看，其实不尽然，写作不仅仅是写作。

1. 写作能力是思维水平的体现

约翰·彼格斯和凯文·科利斯在《学习质量评价》一书中，基于皮亚杰的认知发展阶段论，提出了可观察的学习成果结构分类评价理论。可观察的学习成果结构（Structure of the Observed Learning Outcome，SOLO），是通过观察一个人回答某个问题时所表现出来的 "思维结构" 来测量其思维水平（不是说这个人处于某个水平，而是他在面对某个问题时所表现出来的思维水平）。

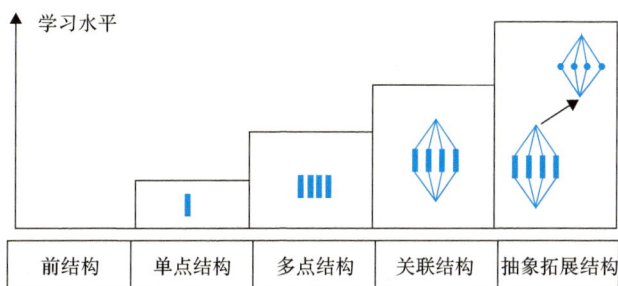

根据 SOLO 分类评价理论，他们把学生对某个问题的学习结果由低到高划分为五个层次：前结构、单点结构、多点结构、关联结构和抽象拓展结构，如上图所示。

这五个层次的具体含义如下。

- **前结构层次 (prestructural)：** 学生基本上无法理解问题和解决问题，只提供了一些逻辑混乱、没有论据支撑的答案。

- **单点结构层次 (unistructural)：** 学生找到了一个解决问题的思路，但却就此收敛，单凭一点论据就跳到答案上去。

3

- **多点结构层次 (multistructural)：** 学生找到了多个解决问题的思路，但却未能把这些思路有机地整合起来。
- **关联结构层次 (relational)：** 学生找到了多个解决问题的思路，并且能够把这些思路结合起来思考。
- **抽象拓展结构层次 (extended abstract)：** 学生能够对问题进行抽象的概括，从理论的高度来分析问题，而且能够深化问题，使问题本身的意义得到拓展。

从 SOLO 分类评价理论可以看出，一个人的思维层次越高，在面对具体的问题时就越善于看清事物的本质，并以系统的眼光看问题，在那些看似孤立、彼此不相关的信息之间建立联系，通过归纳概括进行有机的整合，最后还能通过演绎的方式进行推理和预测。

不善写作的人往往很难通过文字准确地描述出问题的关键所在，他们的表达总是显得混乱和模糊。他们很少对行文的脉络进行构思，总是想到哪里写到哪里。在他们的文章中看不到明确的观点和有效的论证。

再看善于写作的人，他们目标明确，能有效制定写作策略，系统地构思，快速搭建行文框架，搜集并整理写作素材，然后组织语言完成写作。写出来的文章言之有物，条理清晰，论证有力。如果没有高层次的思维水平做支撑，这样的状态是难以实现的。

用我们熟知的冰山模型来类比，写作能力就是"冰山"位于水面上的表层技能，而深层次影响写作的还是我们的思维水平。

许多人的写作水平低下，与我们的传统教育理念不无关系，因为传统的语文教育大多不注重思维能力的训练。可以回想一下，小时候我们是如何学习写作文的？在应试教育的体制下，说明文、记叙文、议论文有着各种固定的模板，我们直接往里面填充内容就可以了。

另外，传统语文教育的重点，放在了教学生如何遣词造句上。更多的时间是让学生去背诵和记忆那些零散的知识点，而没有告诉学生一篇好文章的背后所隐藏的作者对事物的辩证思考。如此一来，造成的结果就是学生更关注单个词语和看似华丽的语句，却难以对写作进行整体性思考。最终，学生的思维停留在低层次的水平，不仅写作，看待问题、分析问题也很难做到系统而全面。

实际工作中，多数情况下我们的写作都是围绕问题的分析和解决来进行的。如果你没有把问题想明白，就不可能把关于问题的思考过程有条理地写清楚。换句话说，如果你的思维能力有限，在面对问题的时候就很难做到思路清晰，更别说还要高效、准确地写下来。

约翰·杜威这样评价有意义的思维："应是不间断的、一系列的思量，连贯有序，因果分明，前后呼应。思维过程中的各个部分不是零碎的大杂烩，而应是彼此应接、互为印证的。"我们可以体会一下一次有效而高质量的写作带给我们的感觉，不正是应该像杜威对思维的描述这样吗？

一个人的思维是否严谨，是否拥有良好的思维习惯，是可以通过写作得以体现的。

2. 写作能力是职业素养的体现

在时兴打造个人品牌的网络时代，身在职场的商务人士也同样需要在自己的圈子里建立良好的个人品牌。而职场个人品牌的建立离不开良好形象的塑造，其中很重要的一环，就是在领导、同事以及客户面前体现出优秀的职业素养。

职业素养落在写作上，可以是一封邮件、一份报告或一个方案，甚至还可以是手机发出的一条短信，这些都是职场写作的常见类型。对方看到的是一段文字或一篇文章，但你向对方展现的不仅仅是你的文笔，还有你对事物的理解和分析问题的思路，以及你对待工作的态度。而你的职业素养水平，也通过这些因素得以体现。

从输入和输出的角度看，写作是一种"输出"，它是对自己过往的"输入"进行提取和加工的能力。过去的输入积累越深厚，可以加工的原材料就越丰富，写出来的东西也就越具水准。所以，输出这一端可以从某种程度上反映输入端的水平。韩愈的"学以为耕，文以为获"，朱熹的"问渠哪得清如许，为有源头活水来"都是在说这个道理。写作能力强的人展现出的是一种"腹有诗书气自华"的职业素养。

企业规模越大，写作技能就越有用武之地。工作沟通、制度宣导、会议纪要、项目方案及各类报告，组织内的各种信息最后必定是以文字的形式进行传播。擅长写作的职场人士则能通过各种传播渠道，展现自己专业的职业素养水平，也必将获得更多的发展机会。

二、职场写作是一种特殊的写作

与其他环境下的写作不同，无论是形式还是内容，职场写作都具有完全不一样的性质和特点。

职场写作不是为了随心所欲地抒发个人情感，更不是讲令人潸然泪下的感人故事。职场写作往往承载着具体的工作任务，有着明确的方向和目标，还有严格的时间限制。这就意味着，无论是管理者还是普通员工，职场写作都是工作的一部分；在某些情况下，写作成果甚至会成为绩效考核的一部分。

1. 职场写作具有说服性

职场写作的一个很显著的特点就体现在"说服性"。

给同事写一封邮件，说服对方认可自己的某一想法；给领导写一份报告，说服领导批准某个方案或者采纳某个建议；给客户写一份方案，说服客户购买公司的某个产品或某项服务。

这种情况下的写作与我们在学校所学的那三种文体（说明文、记叙文、议论文）还是有很大区别的。也许我们会在某些情况下对某产品的功能进行说明，对某一事件发生的经过进行描述，或者针对某个提案发表自己的看法，但我们写作的最终目的是为了"说服"他人。

这种以说服为目的的写作，我们称之为"说服性写作"，它在英语中有一个专属的名词：Persuasive Writing。这个时候的写作就成为一种目的性极强的写作：希望读者看完以后认可我的观点，或者做出我希望看到的行动（The writer writes to convince the reader to believe or do something）。

为了成功达到"说服他人"的目的，我们要采用一种特别的结构。首先要表明你的态度（attitude），这就需要一个具体而明确的观点（thesis statement）。只有观点还不够，必须给出充分的理由（reason），形成强有力的论据（argument）。最后还不能草草收场，还得来一个有高度的总结（closing），再一次强调自己的结论（conclusion）。

所以，职场写作是一种"说服性写作"。

2. 职场写作具有逻辑性

为什么说职场写作需要具备逻辑性呢？

前面提到，工作中的写作带有明确的目的性，而并非泛泛而谈。因此，职场写作需要达到的状态是高效、准确、清晰和明确。而缺乏逻辑的文章（邮件、报告）显然不能满足这一要求。

我们可以回顾一下人们对于"缺乏逻辑性"的写作有何评价：不流畅、不连贯、观点不清晰、概念模糊、以偏概全、论证不严谨、推理错误以及层次不清……问题还真不少。

稍作总结，写作上缺乏逻辑主要体现在"由点到面"的三个方面：一是观点不明确，概念模糊，不能向读者明确地展现自己的观点；二是语句不通，前言不搭后语，语句之间没有关联；三是结构松散，全文的构思布局混乱，毫无章法可循。非常擅长写作的毛泽东如是说："写文章要讲逻辑。就是要注意整篇文章、整篇说话的结构，开头、中间、尾巴要有一种关系，要有一种内在的联系，不要互相冲突。"

因此，我们可以说，缺乏逻辑的写作会使工作中信息传递的准确性、有效性大打折扣。一篇文章或一份方案，被领导反复打回，被客户一次次质疑，无形中降低了沟通效率，增加了沟通的时间成本。

哲学家、逻辑学家罗素曾说过，一切哲学问题经过分析后会发现其实都是语言问题，而语言问题归根结底却是逻辑问题。

3. 职场写作具有时效性

工作中，领导经常这样指派写作任务：下午 3 点前，把报告放到我的桌上；今天下班前，把这个方案写好；明天上班前，我要收到你的邮件。客户也经常会这样提出要求：方案明天中午 12 点之前给我可以吗？（潜台词：必须可以）你的项目报告我怎么还没收到？等一会儿开会要用！

此外还有一些特殊情况，比如部门刚刚举办了某活动，领导要求写一篇关于活动的报道；公司组织召开了某个会议，你被要求写一份会议纪要。而你过了十多天才拿出来，结果可想而知。

"天下武功，唯快不破"。身在职场，我们的"武功"就是各种工作技能，其中就包括写作的能力。不仅完成工作任务需要赶时间，写一封邮件、一份报告或一个方案，都有很强的时效性。对方不可能给你足够充裕的时间，让你坐在洒满阳光的草地上，品着咖啡、晒着太阳，慢悠悠地写作。快速成文，而且要准确有效，这才是职场写作的真实画面。

抛开他人的要求，从我们自身的角度看，职场写作也要快。因为除了写作，还有很多其他事情等着你去完成；如果在写作上花费太多的时间，那么，你可能就得通过加班才能做完其他事情。

我们的各项工作任务往往是息息相关、环环相扣的，写作只是其中的一个环节，也是特别重要的一环。时效性要求我们必须在短时间内快速成文、高效交付。

而写作水平不足，影响的将是我们整体的工作效率。

三、"结构化写作"是职场写作的利器

在为不同行业、不同类型的企业提供"结构思考力"培训服务时，企业的培训管理者经常会问：有没有专门针对职场写作的培训课程？他们认为，无论是管理者还是基层员工，无论是技术人员还是销售人员，都亟待提升商务环境下的写作能力。虽然"结构思考力"的部分内容也会涉及书面表达，但毕竟不是专门针对写作而设计的课程。

最终，我们结合"结构思考力"的核心理念与方法，特别设计开发了《结构化写作》课程。通过提供覆盖工作中四类常见场景的写作方法和技巧，帮助职场人士甚至非职场人士改善或提高商务写作的能力。

1. 什么是"结构化写作"

世间万物皆有结构。何为"结构"？各个组成部分之间的搭配和排列称为"结构"。一篇文章同样具有结构的属性，即文章的各个部分（要素）之间互相搭配和组合。还可以形象地将文章的结构理解为"骨架"，外在表现形式是结构，背后反映的其实是作者行文或对问题进行分析思考的思路。

7

文章若具备了好的结构，呈现出来的是框架清晰、逻辑性强、主题突出、观点明确。反之，如果文章缺乏好的结构，表现出来的则是思路混乱、主题不明、毫无逻辑。

到底什么是我们所说的"结构化写作"呢？我们可以这样定义：它是针对商务和工作环境下的写作特点，基于"结构思考力"的核心理念，采用结构化的方法和步骤进行的写作方式。这种写作方式可以帮助职场人士快速梳理写作思路，构建行文框架，有效地组织信息以及素材，最终形成条理清晰、重点突出、层次分明、富有逻辑的文章（报告、方案或邮件等）。

现代著名美学家、文艺理论家朱光潜在《选择与安排》中如是说："在作文运思时，最重要而且最艰苦的工作不在搜寻材料，而在有了材料之后，将它们加以选择与安排，这就等于说，给它们一个完整有生命的形式。材料只是生糙的钢铁，选择与安排才显出艺术的锤炼刻画……变迁了形式，就变迁了内容。"朱光潜先生所说的"形式"，与"结构"有异曲同工之妙。

对于职场写作而言，朱光潜的这段话也同样适用。工作环境下的写作，重要的不是优美华丽的辞藻，而是准确高效的表达，能让对方一目了然地看清行文结构，看出你想要表达的核心思想。很多时候，我们手中不缺少素材，反而是面对大量的素材却不知如何将它们有效地组织起来。

结构化写作就是一种帮助大家提炼与组织"素材"的有效方式。

2. "结构化写作"从思维层面提升写作能力

了解"结构思考力"的朋友都知道，它是一套关于思考的系统方法论，传递的是"透过结构看世界"的核心理念。结构思考力提出了"理解—重构—呈现"三层次模型，这个模型是底层方法论，也是一种思维框架。这个框架已经帮助众多职场人士实现了对原有思维结构的"改造"，将自己的思维层次提升到新的高度。

总体而言，"结构思考力"是从底层思维切入，基于"只有思维品质改善，才能从根本上提升建立在思维能力基础之上的其他能力"这样一个假设，通过系统的方法和工具，帮助人们改善思维品质，提升思考能力。

现在，我们又将结构思考力的应用范围延伸到职场写作领域，开发了《结构化写作》培训课程。前面已经说过，课程是建立在"结构思考力"的基础之上的，经过精心设计，在对结构思考力的经典工具和方法进行延续的同时，结合职场写作的特点与需求，开创并融入了创新的解决方案。这一点从课程的整体布局和架构安排上便可见一斑。

因此，我们可以说"结构化写作"虽然在形式上是在讲写作的方法和技巧，但底层逻辑依然是帮助职场人士对自己原有的思考结构进行反思，并能够构建结构化的思维模式，进而通过结构化的方式进行思考和表达。而结构化写作也符合写作的本质规律——首先要把关于主题的思路理清楚，然后才有可能在写作的时候做到逻辑清晰、语句通畅。

3．"结构化写作"让你的写作更轻松

我们知道，有太多职场人士"不喜欢"和"不擅长"写作。而不喜欢与不擅长构建起来的是一种恶性循环的关系，只会让自己的写作原地踏步，没有任何改善。那如何才能让自己对写作做到既喜欢又擅长呢？这就需要一个好的方法。

如果写作方法不合适，那只会弄巧成拙。

西汉后期，公文文风受赋和骈文的影响，出现了忽视内容、过分追求形式的不良倾向。赋是盛行于汉代的一种文学体裁，其特点是以铺叙描写为主，讲究辞采，语句整齐，半散半韵，似诗而实文。它的行文特点根本不适合于公文写作。自西汉中期开始，有人用赋体来撰写章、疏之类的公文，致使部分公文丽词满篇而内容不实。如东方朔的一篇上书竟达十余万字，而汉武帝却大加赞美，这势必助长公文写作过分注重文采、崇尚繁冗的不良之风。

结构化写作就是一个帮助大家喜欢写作、擅长写作的好方法。

结构化写作主要针对职场工作环境下四类常见的写作场景，包括传递信息、总结工作、说服他人以及汇报方案。我们的方法不针对特别具体的写作任务，而是按照工作中写作所侧重的目的进行分类。因为在实际工作中，不同任务下的写作方法没有非常清晰的边界。在同一主题下，可能会涉及不同的目的。例如向客户推介一款产品，其中既需要对产品进行清楚的描述和说明，还需要说服客户认可这款产品。那么，在写作上就可能同时需要用到"传递信息"和"说服他人"的方法。

同时，结构化写作的这四种分类之间也并非彼此完全独立。之所以如此分类，也是希望强调：基于不同的表达目的，需要采用不同的写作方法。有了合适的方法，一方面可以快速成文，另一方面则会让写作更有力度，更有利于实现写作目标。

在具体操作层面，我们首先给出的是整体而系统的写作框架，然后才是具体的方法、工具和技巧。这样的设计和安排正是基于"结构思考力"的核心理念：无论是分析问题还是沟通、表达，都要建立起"先框架后细节，先整体再局部"的结构化思维模式。在动手写作之前，先对文章的谋篇布局进行构思，在大脑中搭建起清晰合理的结构，理顺思路，最后才是组织语言完成写作。

相信很多人经常听到身边的同事甚至领导关于写作的抱怨，他们说得最多的就是"完全没有头绪""一点思路都没有""不知从哪里入手"。没头绪、没思路主要有两个原因：一是本身就没有把问题想清楚，因此写不出来也在情理之中；二是自己想清楚了，但不知道如何清晰地表达出来，让别人也清楚。如果再进一步分析，更深层的原因则是因为缺少有效的思考框架。而结构化写作恰恰提供的是一些逻辑性、可操作性都很强的思考与写作框架，在这些框架的指引下，职场人士就能有效而快速地厘清头绪、梳理思路。

基础篇

结构

写作需要掌握四个核心原则

前面我们说到，结构化写作的核心理念源于"结构思考力"，而"结构思考力"又有四个必须遵循的基本原则，因此，结构化写作也同样要建立在这四个核心原则的基础之上。

我们首先来看一个案例。

W公司，人力资源部总监李明杨（HR李）刚坐下打开计算机，一封新的邮件就跳了出来，是国际事业部张创（国际张）发来的：

> 李总，您好。我是国际事业部的张创，去年10月中旬，人力资源部曾要求各部门上报2016年的大学生招聘计划。由于我部业务的特殊性，不仅要求有较高的英语水平，而且要懂得一定的专业知识，这类人员在校内招聘的难度很大。此外，由于我们公司的薪酬水平较低，即使招聘来也很容易流失，过去几年的流失率高达74%。为此，我们国际事业部多次召开会议，并初步达成共识：公司需要制定中长期的人才规划，以吸引并留住优秀人才。但是，到底该如何操作，尚无具体方案。我刚和总裁通过电话，他建议我直接与您沟通，不知您有何意见和想法，请尽快告知。

HR李精通人力资源六大模块，对招聘工作更是轻车熟路。他稍作思考就有了思路，一向雷厉风行的他马上给国际张回复了邮件：

> 张创，你好。针对你提出的问题，我将采取以下措施。
>
> 首先，我会派人去国际事业部进行已流失人员情况的调查，并分析原因；接着，我会安排人做一份同行业薪金水平的调查，对比分析国际事业部的薪金水平情况。关于流失原因呢，我会派人与流失人员进行面谈。我还会安排人草拟一份适合公司特点的中长期人才规划，当然，之前会派人到国际事业部听取意见。对于员工培训管理规划我们也会进一步修改完善，重点突出英语培训。另外，我们会与财务等部门沟通，了解公司的工资水平承受能力，看看国际事业部人员薪金提升幅度的可能性。关于国际事业部从在校学生中招聘难的问题，我们会考虑适当扩大招聘范围和招聘方式，制定新的招聘制度。总之，我们会从"选、育、留"三个方面着手，帮助国际事业部吸引并留住优秀人才。对了，吸引员工、留住人才的机制也要逐步建立起来。
>
> 要做的事很多，一步步推进吧。

读者朋友可以来一次角色代入，想象自己就是国际张，看完HR李的这封邮件后有什么感觉？

首先，你能坚持把 HR 李的邮件的全部内容仔细看一遍吗？相信大多数人看不到一半就已经不想再看下去了。

再者，看完后你能快速抓住 HR 李所要表达的重点吗？你能记住他的核心内容吗？

可以想象的画面是，国际张本人看完后，眉头是紧锁的，内心是崩溃的。

大多数人看完 HR 李的邮件会产生两种感觉：一是结构不清晰，信息显得非常零散且杂乱，缺乏条理性，让人抓不住重点；二是记不住，看完这一条信息就忘了那一条，看完后面就已经记不住前面的内容了（何况根本就看不下去）。

请再思考一个问题：如果周围的领导和同事都用这种表达方式向你传递信息，你的工作会是怎样一种状态？

好了，既然我们非常不喜欢 HR 李的表达方式，那么我们何不用自己喜欢的方式给他改一改呢？如果你是 HR 李，你觉得如何写这封邮件能让国际张看完不抓狂，让他能快速理解并记住你想要表达的核心内容呢？

如果想好了，请写下来：

_____

_____

_____

_____

_____

_____

对于学习而言，思考和分析的过程比所谓的标准答案更重要。所以，先别急着寻找答案，让我们围绕 HR 李的这封邮件重点探讨四个问题。

问题 1：为什么我们不能快速领会到 HR 李的核心思想？

HR 李的邮件内容中既有各种详细、具体的措施，也有统领性的安排。他用到一个关键词"总之"，也就是说"从'选、育、留'三个方面着手"是能够把前后那些具体措施全部概括进去的。而 HR 李几乎是把这个总的概括放到最后才写出来。

这样的表达方式恰恰折射出我们习以为常的一种沟通习惯：一是说话喜欢兜圈子、做铺垫；二是不喜欢直接说重点，而是习惯上来先说细枝末节的具体事项。所以，我们经常会在生活和工作中看到一个人很不耐烦地对另一个人说"有话请直说！"或者"说重点，我忙着呢！"这个人为什么会不耐烦呢？其实就是听了半天也听不出个所以然，不知道对方到底想表达什么观点，不明白对方说这些话的目的是什么。

这种表达方式放在日常生活中也就罢了，但是在"分秒必争"的商务环境下，在"效率为先"的职场中，这样的方式就显得不合时宜了。所以，从提高沟通效率的角度说，我们应该开门见山地表明来意，明确地告诉对方我们的核心观点或中心思想是什么。

问题 2：为什么 HR 李的邮件看起来那么零散杂乱？

从内容上看，HR 李实际上一共说了 8 条措施，不多也不少。这 8 件事单独拿出来看，其实也很简单、很容易理解。但它们就这么简单粗暴地凑到一块，或者说"一坨"，立马变得不和谐了。这种不和谐就体现在"零散"和"杂乱"上。

之所以显得零散和杂乱，本质原因是这些信息之间没有建立起明显的关联。HR 李与其说是在写邮件，不如说是在进行信息的罗列甚至堆砌，因为他没有对信息进行深层次的处理和加工。

我们用下面这张图片来表示 HR 李这封邮件的状态再合适不过了。相信绝大多数人在看到面前摆了一堆如此凌乱的纽扣后，不管有没有强迫症，都会下意识地想着把它们分一下类。只要按照不同的形状和花纹就可以很容易地把它们分为不同的类别。

没错，分类就是我们处理复杂局面最有效的方式之一。心理学家早就发现，人们更喜欢记忆那些富有规律性的信息。而分类就是这样一种方式，它让人们可以发现不同信息之间的内在关联，找到其中暗藏的规律，从而使信息更容易被理解和记忆。

HR 李的邮件之所以显得零散杂乱，非常关键的原因就是缺乏分类。其实，他在总结句里已经分了"选、育、留"这三类，但 8 条具体的举措却没有与这三类形成明确的对应，因此，整体布局就显得非常散乱。

问题 3：为什么我们不太容易理解和记忆 HR 李的邮件的内容？

通过前面对问题 2 的分析，我们知道了在信息多而杂乱的时候要进行分类，进而使内容显得更清晰一些。那么是不是分好类就完事儿了呢？下面我们看一个简单的例子：

苹果	猪肉	大豆
香蕉	牛肉	蚕豆
梨子	羊肉	豌豆
葡萄	鱼肉	绿豆
草莓	鸡肉	芸豆

很明显，上面的表格是非常清晰而且准确的分类，表格中的食品分别属于水果类、肉类、豆类。如果我只是摆出这样一张表，其他任何信息都不再给出，你会有什么感受？你一定会觉得莫名其妙！你会产生一堆的疑问：这个表是想表达什么呢？这些东西很好吃吗？都很有营养吗？都是健康食品？……说到这儿，大家已经明白了，这些分类缺少一个总结性的观点，缺乏对分类信息的概括，所以让人看得不明白，根本不能理解它想传递的核心思想是什么。我们给每个分类加上观点，看看会有什么变化：

这些水果是我最爱吃的	除了这些肉，其他肉我都不吃	这些豆类食品的营养价值很高
苹果	猪肉	大豆
香蕉	牛肉	蚕豆
梨子	羊肉	豌豆
葡萄	鱼肉	绿豆
草莓	鸡肉	芸豆

这个例子中的分类很简单，正常人一眼就能看明白其分类依据是什么。但是在实际工作中，我们传递出去的信息往往要复杂得多，可能只有我们自己心里才清楚为什么要这样分类。这时候，我们就更需要对分类信息进行总结概括，并形成一个明确的观点，这样对方才知道下面层次的那些分类信息之间的关联。此外，有了明确的观点，对方的记忆负担也会减轻很多，可能他只需记住少数的核心观点即可，而不需要把所有的细节都记住。就算他需要记忆细节，也能通过核心观点与细节之间的联系帮助自己记忆。

问题 4：为什么 HR 李的邮件让我们感到混乱而缺乏条理性？

前面我们说了，HR 李的邮件涉及很多方面，有薪酬、规划、培训和招聘等，而且有的方面好像还有分支，讲了不止一件事。让我们发挥一下想象，把这些方面的信息想象为一个个的小圆圈。首先，这些小圆圈就是很凌乱地摆放着。其次，HR 李的邮件呈现出的状态更像是在这些小圆圈之间胡乱蹦跶，一会儿跳到这个圆圈，一会儿又跳到另一个圆圈，让人眼花缭乱、应接不暇。最后，邮件给我们的感觉就是一个字：乱。

叶圣陶先生说过："思想是有一条路的，一句一句，一段一段，都是有路的，好文章的作者是决不乱走的。"

混乱的反义词是什么？有序，有秩序！"秩"侧重于有条理、不混乱；"序"侧重于有先后、不颠倒。

因此，我们要为这些零散的信息建立起一种合理的秩序，让它们体现出一种容易让人理解的规律。秩序落在沟通表达上，其实就是将内容按重点突出、主次分明、有先有后的顺序进行排列。还是用我们刚才想象的小圆圈，它们本身有大有小，还有各种形状，就像"问题 2"中图片所示的那些纽扣一样。我们在分完类之后，还要按照从大到小或从小到大的顺序摆放，这样呈现出来就是一幅井然有序的画面。

好了，HR 李的邮件引发了我们很多的思考。现在，我们可以对这四个问题的思考结果做一个简单的汇总：

- 每一次表达都要形成一个统领性的、明确的观点或结论，而且要在第一时间让对方知道，便于让对方快速领会我们的核心思想；
- 如果所要表达的内容包含很多信息，就得按照一定的标准对信息进行分类，使内容看起来清晰而系统；
- 信息经过分类以后，还需要对它们进行总结、概括，形成明确的观点，便于对方理解和记忆；
- 各个类别之间、每个类别下的信息之间，要按照一定的顺序进行排列，使内容有条理、有规律。

如此一来，我们找到了 HR 李的邮件"失败"的原因，以及应对的解决方法。对于如何写好 HR 李的这封邮件，我们有了一些标准。在这些标准的指引下，我们帮 HR 李重新组织一下：

张创，我将安排人员查明原因，并从"选、育、留"三方面制定措施，帮助国际事业部吸引并留住人才。

第一，查明原因方面主要做两件事：一是做流失人员情况的调查；二是与流失人员面谈。

第二，从"选、育、留"三方面制定措施，具体如下：

选：改善招聘现状，提高招聘效率。

　· 适当扩大招聘范围

　· 制定新的招聘制度

育：加强培训管理和培训的针对性。

　· 修改完善员工培训管理规划

　· 重点突出英语培训

留：提升薪资、建立机制。

　· 分析并调整薪资水平，提高薪资竞争力

　· 建立长效机制与规划，留住人才

将 HR 李原来的邮件内容与我们修改后的表达方式进行对比就能发现，经过优化，首先从视觉上就显得清晰和清爽了，不再是之前那种拥挤在一起的"一坨豆腐块"；内容上则显得重点突出、有条理且层次分明。另外，这样的表达方式让国际张更容易理解 HR 李的核心思路，也让记忆更轻松。

说到这儿，你应该有了深刻的体会，那就是对于这样一段信息，不一样的表达方式所达到的效果是完全不同的。这样的对比其实普遍存在于我们的实际工作中。同样的内容，有的人讲得拖泥带水、语无伦次，让人不知所云；换另一个人，可能寥寥数语就能让对方听得明白、看得真切。

我们有一位学员如此评价她的领导："除了他的为人确实很好外，还有很重要的一点，即他的能力很强。与他共事以来，我一直佩服他强大的逻辑思维能力。不管多么复杂的问题，经他一梳理就立刻变成简单的几条。汇报工作，我要说一大堆，而他几句话就沟通完毕……"

正如这位学员所说的，清晰表达的背后，是强大的思维能力在支撑。思维能力包括很多方面，其中对于职场人士来说，结构化的思维能力是至关重要的一个方面。

那么，到底应该如何构建结构化的思维能力呢？

其实，前面我们在对 HR 李的表达进行优化的过程中，就已经在运用结构思考的能力了。经过优化后的表达变得清晰而有条理，这是因为它背后隐藏着一种结构。

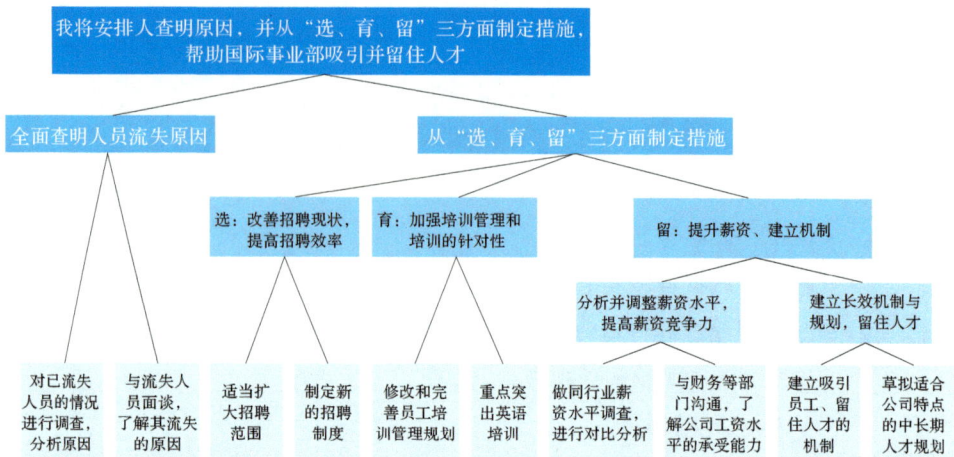

这是一个类似组织架构图的结构，核心骨架（最上面的三层）看起来像一个金字塔：位于最顶端的是所要表达内容的核心观点或思想，横向上从不同的维度展开（广度），纵向则是一层层地往下延伸（深度）。如果我们在分析问题或表达、沟通时，能在大脑中快速构建出这样的结构，就能用很短的时间把一件事想清楚，然后说明白。

如果结构是"内容"的一种"内在形式"，那么它也应该是内容的组成部分。一段好的内容应该具备一个好的结构。换个角度讲，结构也会反作用于内容。不同的结构"形式"会让内容呈现出完全不同的效果。金字塔结构是一种可以让内容更清晰、更符合逻辑的结构。

这种金字塔结构从构造上看并不复杂，好像构建一个也并不困难。但如果我们设定一些标准，也就是说必须在符合这些标准的前提下进行构建，那就变得不那么容易了。

是什么样的标准呢？

在前面的案例中我们思考了四个问题，也相应地得出了四个答案，然后，我们完成了对 HR 李邮件内容的优化。其实，这四个问题的答案正好对应了构建金字塔结构的四个"标准"：结论先行、以上统下、归类分组和逻辑递进。

- **结论先行：** 一次表达只支持一个核心观点或中心思想，并且要放在开头的位置。
- **以上统下：** 上一层结论是对下一层信息的概括和总结，下一层信息则是对上一层结论的解释和说明。
- **归类分组：** 具有相似性或相互关联的信息要按照一定的标准进行分类，归为同一个逻辑范畴。
- **逻辑递进：** 同一逻辑范畴的信息必须按照一定的逻辑顺序进行排列。

这四个"标准"就是结构思考力的四个核心原则，在这四个原则的指导下，我们就能构建起结构化的思维框架，从而进行清晰高效的沟通、表达以及问题分析。

为了帮助大家记忆，我们把这四个原则简化为四个字：论、证、类、比。"论"对应"结论先行"，强调的是一次表达一定要有清晰明确的结论；"证"对应"以上统下"，强调上下层级之间的论证关系；"类"对应"归类分组"，强调分类的重要性；"比"对应"逻辑递进"，强调同一层次、同一组信息之间要进行比较，从而确定信息排列的顺序。

从上面的说明中我们可以看出，四个原则实际上分别体现了各个信息要素在纵、横两个方向上的关系。其中，结论先行、以上统下属于纵向，重点体现上下层级之间的关系；归类分组、逻辑递进属于横向，重点体现同一层次信息要素之间的关系。如下图所示。

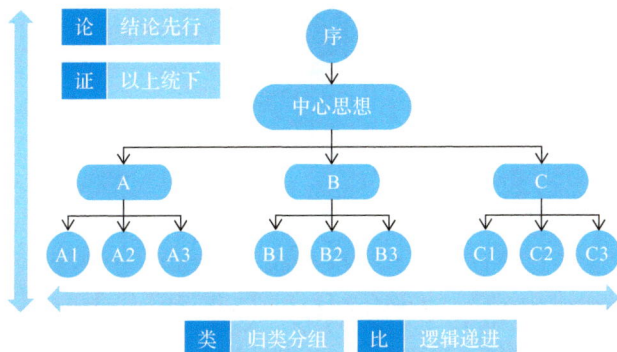

也正是通过这纵横交错、相辅相成的四个原则，我们才能构建起一种"立体化"的思维模式。在分析问题、沟通表达时，就能做到"横向"系统全面、有条理，"纵向"明确清晰、有层次。最终帮助我们做到：面对问题能想明白，传递信息能说清楚。

接下来我们深入探讨这四个基本原则，看看它们是如何给我们的写作带来帮助的。

一、论：结论先行

> 一次表达只支持一个核心观点或中心思想，并且要放在开头的位置

首先我们要谈两个问题：第一，什么是"结论"？第二，为什么结论要"先行"？

1. 什么是"结论"

根据《现代汉语词典》的释义，"结论"有两个解释：①从前提推论出来的判断；

②对人或事物所下的最后论断。

从逻辑学的角度来看，"结论"是从一定的前提推论所得到的结果，是对事物做出的总结性判断。这个定义可以看作对《现代汉语词典》中两种解释的汇总。

而从哲学的观点来看，"结论"是相对一定的"条件"而言的，结论与条件互为因果关系。条件（原因）是引起一定现象的现象，结论（结果）是由于条件作用而产生的现象。也就是说，在某一环境（如下图框 2 所示）中所形成的"结论"（B），到了另一环境（框 1），它可能就成了另一个"结论"（中心思想）的"条件"。如此看来，"结论"是一个相对概念。

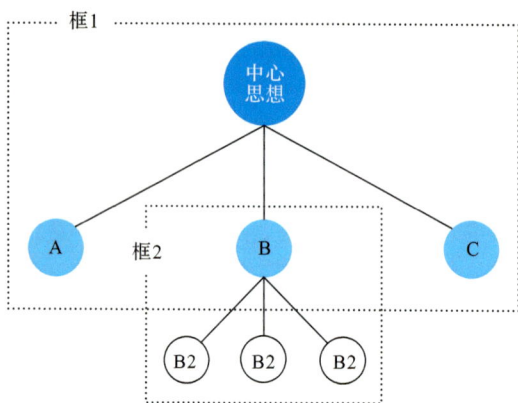

我们再看看英语中是怎么解释的。与"结论"一词对应的英文是 conclusion，牛津词典的解释是：Something that you decide when you have thought about all the information connected with the situation（在对与情境相关的所有信息进行思考后得出的论断）。

还有一种解释是 A position or opinion or judgment reached after consideration（经过思考而得出的立场，或意见、主张、判断）。

现在，我们可以尝试对"结论"进行较为完整的定义：某一环境中（或基于某种前提、假设），在对相关信息进行充分思考的基础上，经过某种形式的推论后，所形成的用以表明一个明确的立场（或态度）、主张（或见解）、观点（或意见）的总结性的论断。

简单地说，也就是对方听到（或看到）你的"结论"以后，就能清楚地知道在当前环境下你想表达的核心思想是什么。无论你说了多少具体的细节性的内容，无论你采用的是什么样的论证形式，都是为了论证和说明这个核心思想。

必须强调的一点是，前面我们已经讲过"结论"是一个相对概念。对于金字塔结构而言，相对于下一层的信息，上一层的信息就是"结论"。也就是说，如果要做到严格的结构化，除了最底层是在罗列客观事实和真实存在的信息或数据，再往上的每一层都应该是"结论"。而最顶层的那个中心思想则是下面所有分支的"结论"，是经过一层层地概括总结而最终形成的总的"结论"。

再来联系一下日常的沟通，为什么我们经常会说出一些让对方难以理解的话呢？其中有一个典型的因素——我们自己都不清楚自己想要说什么。也就是说，我们没有明确自己想要表达的"结论"到底是什么。最后的结果就是，想到哪里就说到哪里，毫无章法可循，给对方的感觉就是混乱不堪。

2. 为什么结论要"先行"

前面我们已经说过，职场写作具有其特殊性。这一点与文学创作类的写作相比，尤为突出。比如，小说的写作目的就是不断地制造悬念，随时让读者收获意外的惊喜或受到惊吓。所以小说都是将"结论"往后放，如此才能吸引读者持续看下去。而职场写作却恰恰相反，在工作场景下，我们写作的目的是为了对某件事情进行说明、澄清，或者提供、传递重要的信息。在这样一个大前提下，我们的写作必须准确、清晰、直接和高效。

从读者的角度来说也是如此。小说的读者在心理诉求上就是为了获得那种"心跳"的体验，甚至体验越强烈越能感到满足。职场写作的读者是谁？是你的领导、同事、客户，或者下属，他们都希望你写给我的邮件或者报告尽可能简单高效一些。

难道只有工作才需要结论"先行"吗？看一个生活中的小例子。

老婆：老公，你今天出去的时候能不能帮我一个忙？如果可以坐地铁的话，你就坐10号线到南京路，从 B 出口上去后往东走。在第一个十字路口左手边有一个幸福农批市场。从正门走进去右手边有一家卤味店，你可以帮我带几个酱猪蹄回来吗？

老公：……

如果这位老公正急着出门见客户，我们可以想象一下他的恼怒。生活尚且如此，更何况职场。

结论"先行"还可以增强你的说服力。如果我们让读者在第一时间了解到核心观点，之后再做细节性的解释和说明，这样更有利于引导读者的思考重心向我们期望的方向转移。否则，先抛出一大堆对具体事项的描述，读者就只能边看边"猜"你的写作意图。这样就容易产生两种结果：要么读者猜烦了，一怒之下不看了，爱咋咋地；要么猜出一个由读者自己总结出来、却与你的本意大相径庭的结论，在被你说服之前其就在内心建立起了对抗。这两种结果都不利于你顺利达到写作目的。

二、证：以上统下

> 上一层结论是对下一层信息的概括和总结，下一层信息则是对上一层结论的解释和说明

"以上统下"实际上是说的三个方向的事儿：一个是上层对下层的"概括"，即不能仅仅罗列信息，还要对这些信息进行总结并得出结论；二是下层对上层的"论证"，如果有了一个明确的观点，还要给出充分的理由和依据对观点形成支撑，做出进一步的说明；三是"对应"，上下层之间要形成严谨的对应关系，而不是各说各话。如下图所示。

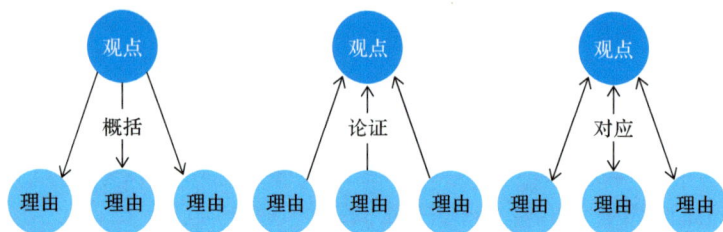

1. 概括："以上统下"是高效的体现

"概括"是人们常常挂在嘴边的一个词。当一个人不太理解对方所说的大量信息时，就会提出要求："你能不能概括一下？"求职者在面试的时候，面试官会问："你能不能简单概括一下自己是一个什么样的人？"

明代开国之初，朱元璋亲自处理朝政，对公文动辄数千言上万言非常反感。洪武二年(1369年)，他对翰林侍读学士詹同说："古人为文……皆明白易知，无深怪险僻之语。至如诸葛孔明《出师表》，亦何尝雕刻为文？而诚意溢出，至今使人诵之，自然忠义感激。近世文士，不究道德之本，不达当世之务，立辞虽艰深而意实浅近……何裨实用？自今翰林为文，但取通道理明世务者，无事浮藻。"

那么到底什么是"概括"？

可以从三个方面来看：从认知的角度说，概括就是站在更高的层次上认知一类事物的共同本质特征及发展规律；从思维的角度说，概括就是从个体到普遍，从具体到抽象；从表达的角度说，概括就是以简驭繁、化繁为简的语言运用过程。

既然我们说的是写作，那么我们所谈的"概括"主要是从表达的角度而言。对于表达来说，概括是一种非常重要的能力。它是一种从信息（文字材料）中发现并提取共同之处，然后把它们归结到一起，用简明扼要的语言表达出来的能力。

学校的语文课上，老师都会训练我们的概括能力，因为概括有助于我们从整体上把握文章的主旨。也就是说，从信息接收的角度，概括有利于读者快速有效地获取信息。既然如此，当我们通过写作进行书面表达时，是不是也应该合理地运用概括，把繁杂的信息"浓缩"，使文章更简明扼要，让对方在很短的时间里就知道我们想要表达的主要观点呢？

下面我们看一个趣事，体会一下。

> 欧阳修在翰林院时，常常与同院的人出游。一次，见有一匹飞驰的马踩死了一条狗，欧阳修说："你们说一下这件事。"
>
> 一人说："有犬卧于通衢，逸马蹄而杀之。"另一人说："有马逸于街衢，卧犬遭之而毙。"
>
> 欧阳修笑说："像你们这样修史，一万卷也写不完。"那二人问："那你说呢？"
>
> 欧阳修道："逸马杀犬于道。"那二人脸红地笑了起来。

这个故事很形象地告诉我们，语言的目的是传递信息，应该精练简要，而不是刻意堆砌文字。

2. 论证："以上统下"是强大逻辑思维的体现

一个人说话是否有逻辑，很大程度就体现在他对自己观点的论证过程是否严谨合理。语言表达的逻辑性也反映了一个人的逻辑思维水平。

可惜的是，有些国人的理性思维、逻辑思维还处于一个很糟糕的状态，他们渴望说理却不会论证，崇尚科学却缺少理性。

何为"论证"？简单地说，论证其实就是一个说理的过程。如何说理呢？就是拿出一些理由去支持或反驳某个观点。那么，进行一次完整的论证应该具备三个核心要素：论点、论据、论证方式。从逻辑学的角度解释，论点、论据都是由"概念"组成的"命题"，论证方式则对应的是命题之间的"推理"。

当前，中国社会有些公共言论显得混乱而充满戾气，公共对话有时缺乏理性，从而

23

蜕变为相互谩骂指责。"说理"看似容易，但如果让你在任何情况下都做到自由公平、有理有据、不羞辱、不欺骗、不歧视、不伤害，你还会觉得容易吗？

《明亮的对话——公共说理十八讲》是作者徐贲为帮助广大读者学习公共说理而写的启蒙读物。美国的学校从小学到大学，有一门延续 10 年的必修课——公共说理课。书中提到，《加州公立学校幼儿园至十二年级阅读和语言艺术（教学）纲要》对七年级学生的"说理评估能力"有进一步要求："评估作者在支持结论和立场时所用的论据是否适当、确切及相关，并注意有偏见和成见的例子。"当然，其中的"偏见"和"成见"已经涉及社会公正，而不仅仅是逻辑问题了。说理，是一门学问。

再来做一个对比。

我们的高考作文对议论文一等文的评分标准为"深刻"。对"深刻"的解释是："思想上的深刻，体现在透过现象深入本质；揭示事物的内在关系；观点具有启发作用。"

而美国 SAT 作文试题获得满分的评分标准之一则是："有效而富有洞察力地发展作者自己的观点，表现出杰出的批判性思维，清晰地使用恰当的事例、推理以及其他证据证明自己的立场。"

两者的差异不言而喻，这也揭示了学生思维水平差异的来源。而美国大学委员会于 2014 年宣布，将在 2016 年春季改变 SAT 考试的科目与形式；原有的批判性阅读将变为"基于证据的阅读"，即选出选项后要在文中找出依据。这就更强调了"言之有据"的重要性。

所以，单从教育层面来看，我们的逻辑思维训练是欠缺的。

我们再穿越到春秋末期战国初期，因为那个时候就已经有一个人在强调论证的重要性了，这个人就是墨子。墨子是墨家学派的创始人，也是战国时期著名的思想家、教育家、科学家和军事家。与先秦其他诸子相比，墨子最为突出的贡献之一就在于逻辑学，其他人无法比拟。可以说，墨子是中国古代逻辑思想体系的重要开拓者之一。

> 夫辩者，将以明是非之分，审治乱之纪，明同异之处，察名实之理，处利害，决嫌疑。焉摹略万物之然，论求群言之比。以名举实，以辞抒意，以说出故。以类取，以类予。

这段文字出自《墨子·小取》，其中"以名举实，以辞抒意，以说出故"正是在说论证的事儿。这句话的大意是，用名称反映事物，用判断表达思想，用推论揭示原因。这不正是逻辑学中的概念、命题和推理吗？这也是墨子所概括的思维方法。思维的目的是要探求客观事物之间的必然联系，以及探求反映这种必然联系的形式，并用"名"（概念）、"辞"（判断）和"说"（推理）表达出来。可惜的是，墨子的这一思想未能得到很好的发扬和延续，而是消散于历史的洪流之中，这不得不说是一种遗憾。

我们可以从三方面对"论证"进行考察和衡量：逻辑、辩证和修辞。逻辑方面：主要看论证是否符合基本的逻辑规范，是否在逻辑上"有效"；辩证方面：看论证是否"全面"，是否能从不同的角度、立场去思考问题；修辞方面：这时候论证就属于一种交流的形式，看是否能通过论证说服对方接受自己的观点。

3. 对应："以上统下"是严谨的体现

在论证过程中，还有一个非常容易被忽视但又频频出现问题的点，那就是"上下对应"。

要做到"上下对应"，论点与论据必须保持统一性，两者要在同一个范畴内。简单地说，两者得对得上号，不能论点说的是这回事，论据说的又是另一回事。

关于这一点，有一位古人为我们做了一个良好的示范。我们来看《孙子兵法·始计篇》中的一段。

> 兵者，国之大事，死生之地，存亡之道，不可不察也。故经之以五事，校之以计而索其情：一曰道，二曰天，三曰地，四曰将，五曰法。
>
> 道者，令民与上同意也，故可以与之死，可以与之生，而不畏危。天者，阴阳、寒暑、时制也。地者，远近、险易、广狭、死生也。将者，智、信、仁、勇、严也。法者，曲制、官道、主用也。
>
> 凡此五者，将莫不闻，知之者胜，不知者不胜。

用金字塔结构图画出来就是这样：

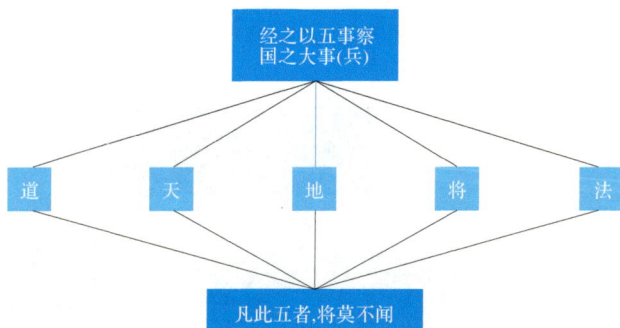

作者首先提出明确的观点：战争是国家大事，"不可不察"，而且要从五个方面"察"。然后分别从"道、天、地、将、法"五个方面一一论述。最后，"凡此五者，将莫不闻"，做了一个总结。大家可以体会一下，哪怕我们不是特别懂古文，但在作者结构清晰的行文布局下，多少也能猜出他大概讲的是个什么事。这就是我们前面提过的——形式会影响内容。

再看一个实际操作中的案例。

操作风险管理的三大工具：

- 操作风险与控制自我评估（RCSA）
- 关键风险指标（KRI）
- 操作风险事件及损失数据收集（LDC）
- 三大工具之间的关系
- 三大工具的作用

按照以上信息的层次关系，我们用金字塔结构图来表示：

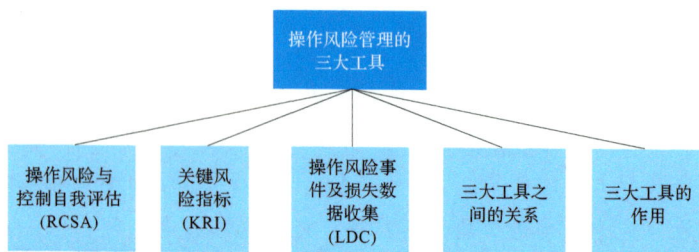

如果前面通过文字讲述的形式不容易发现问题，那么通过这张图，相信大家很快就能找到问题所在。"观点"是"三大工具"，首先这就是一个模糊的"观点"：三大工具怎么了？读者看完后一头雾水。再往下，前面三个信息（RCSA、KRI、LDC）明显就是在说"哪三大工具"，它们与后面的"关系"和"作用"显然不属于同一层次。

我们先对原来的内容做一下优化，看看正确的打开方式（暂且搁置没有"结论"的问题）：

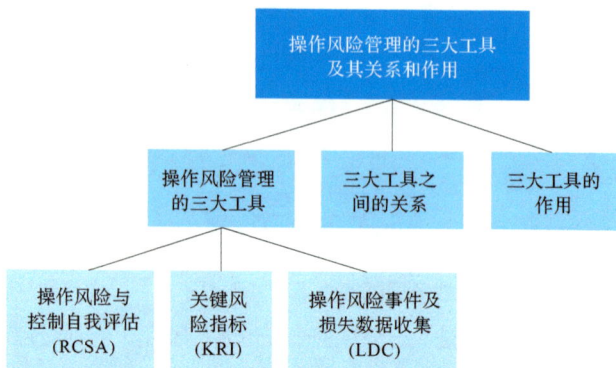

　　我们可以前后做一下对比。之前的内容由于概念层次的错位，没能准确地体现出信息之间的关系，容易使读者感到困惑，不便于读者对内容的理解和记忆。这是一段相对而言比较简单的内容，我们还能很快发现问题。如果是非常复杂的内容，而且在文字的表述上又很隐晦，那就更容易误导读者的理解，不利于信息的传达。

　　我们一直在强调，写作能力是思维水平的体现。从上面的案例中可以看出，这位作者对于他想表达的主题，实际上是缺乏深度思考的，从而表达出来的内容就显得不严谨。如果行文能做到严格的"上下对应"，最终成文必然会体现出信息之间清晰而合理的层次关系（结构）。

三、类：归类分组

> 对具有相似性或相关联的信息要按照一定的标准进行分类，归为同一个逻辑范畴

　　我们时刻都在分类，"类"更是逻辑思想史上一个极其重要的概念。那么，到底何为"分类"？简单地说，分类就是按照一定的标准，根据对象属性、特征的共同点和不同点，将对象划分为不同的种类。

　　"类"是本质相同或相似的事物的集合，那么如何"分"呢？这就需要对这些类别进行鉴定、描述和命名。如此，才能算是一个完整的分类过程。所以我们可以从两个方面看待分类：一方面，要把杂乱无序的事物区分开来；另一方面，还要赋予不同类别以稳定的、概念化的名称。

　　说到命名，不得不提到现代管理学之父彼得·德鲁克。德鲁克有一个与众不同的过人之处——能迅速对模棱两可的事物进行命名，明确其概念。比如"管理"（management）一词，虽然这个词早就存在，但德鲁克是第一个将企业经营系统化定义为"管理"的人。1954 年德鲁克提出了那个具有划时代意义的概念——目标管理（Management By Objectives，MBO）。德鲁克"命名"的特点不在于特立独行、标新立异，而是直达问题的本质。所以一个好的命名，其实是在简洁有力地表述事物的本质。

　　分类的过程，就是探寻事物和问题本质的过程。分类需要具备一定的思维能力，同时，分类的练习也可以达到训练思维能力的目的。

1. 分类使思考更清晰

　　为了分类，人们需要深入了解事物的内在属性，根据需要提取出不同事物的共同点，

不断探寻和发现事物之间的联系。所以，分类也是人们对世间万物形成认知的重要手段。

分类的思想自古有之，某种程度上甚至可以认为，人类的认知就是从学习如何识别事物、如何对事物进行分类开始的。

通过分类，模糊的世界在人类的眼中逐渐变得清晰，即便是神话故事，也建立在分类的基础之上，比如盘古的传说。古人眼中，最开始的世界是元气未分、模糊一团的"混沌"状态。直到沉睡了一万八千年的盘古突然醒来，用斧头劈开黑暗，于是天地初开。轻而清的东西，缓缓上升，变成了天；重而浊的东西，慢慢下降，变成了地。看看，在古人的认知中，"天"和"地"就是最原始的分类。

远古时代，人与万物杂处，那时候还没有"人类""兽类"的认知。曹植在《迁都赋》中有这么一段："览乾元之兆域兮，本人物乎上世。纷混沌而未分，与禽兽乎无别。橡蠡蜊而食蔬，摭皮毛以自蔽。"直到人们逐渐意识到自身与动物、植物的区别，这才有了"人类"。前文中，我们提到墨子的《小取》，其中"以类取，以类予"说的就是分类思维。

历经岁月长河，我们当前的生活环境并没有随着文明的发展而变得清晰简单，反而显得异常复杂多变，而"复杂"的始作俑者恰恰是我们自己。罗伯特·西奥迪尼在他的《影响力》一书中提到，人类身上有一种"固定行为模式"，可以让我们有效地应对当前极端复杂的社会环境。而这种行为模式就是建立在"分类"的基础之上，"根据少数关键特征，把事情分类"。

分类作为一种基本的思维工具，最根本的作用就是将看似杂乱无章的事物分门别类地区别开来，使原本模糊混乱的状态变得清晰，进而达到一种系统化、条理化的状态。分类可以让我们把世界"看得"更清楚。

从信息处理的角度看，思考是对我们大脑中的信息进行提取和重新组织的过程。分类就好比在我们的大脑中创建出一个个"文件夹"，有了分类，信息和知识就可以按照类别进行存储。而当我们思考时，对信息的检索就变得更容易，从而使思考清晰而顺畅。

2. 分类使记忆更容易

前文说过，一次完整的分类包含了划分类别和为类别命名（形成概念）两个方面。实质上，这也是一个简化的过程。

大量零散的、个别的和杂乱的信息，通过分类被划分为少量的类别，并通过抽象概括在更高一个层次形成对应的类名（概念）。一方面，各个不同的信息之间因为分类而形成彼此之间的关联，体现出一种规律性；另一方面，类别名称（概念）也成为一种记忆零散信息的线索。我们再来记忆这些碎片化的信息，就有了一种系统化、条理化的"路径"，这样一来，记忆就变得更加轻松。

既然从信息接收者的角度，分类的信息更容易被理解和记忆，那么我们在沟通表达、传递大量信息时，为了便于对方快速理解，就要时刻想着对信息进行分类。

毕竟，人类的短时记忆能力是有限的，我们需要有效的方法和手段帮助记忆。

早在 1956 年，美国心理学家乔治·米勒最早对短时记忆能力进行了定量研究，为新兴的认知心理学提供了理论依据。米勒当年发表了研究报告《神奇的数字 7±2；我们信息加工能力的局限》，提出人的短时记忆广度为 7±2 个信息项。也就是说，人们最多记住的信息项是 9 个，最少是 5 个。但是后来有研究者认为米勒高估了短时记忆的容量，因为实验中的被试者能够利用其他信息源来完成任务，例如回声记忆。当剥离其他信息源的干扰之后，研究者估计其真实容量只有 5±2 个。也就是说，人们最容易记住 3 个项目。

相信除了极少数在记忆力上天赋异禀的人外，大多数普通人更愿意也更有能力记忆 3 个信息项。日本广告策划界的先驱八幡纰芦史在他的《重要的事情说 3 点》一书中，论述了为什么 3 个信息项更容易被记住。其中一个观点是说，"3 带来充足、创造和安定的力量"。有趣的是，精神科医生桦泽紫苑在《过目不忘的读书法》中提到一个与此有关联的观点，人在兴奋的心情下，大脑会分泌出幸福物质——多巴胺。多巴胺能让人产生满足感、充实感和幸福感，不仅能提高我们对事物的兴趣，还能提高和强化我们的记忆效果。

总之，归类分组一方面可以让我们把世界看得更清楚，思考问题更清晰；另一方面，沟通表达时，可以让对方更容易理解和记忆。

四、比：逻辑递进

> 同一逻辑范畴的信息必须按照一定的逻辑顺序进行排列

"顺序"也是一个我们经常挂在嘴边的词。我们常常能看到这样的场景，一个人在听完对方的陈述或看完对方的文章后，会问一句："你的顺序是怎样的？"之所以这样问，一种情况是对方已用到某种顺序，但他没看出来；另一种情况当然就是对方压根就没有顺序。

顺序是一个中性词，一般会呈现出两种状态：有序和无序。"有序"体现的是整整齐齐、次序分明、条理清楚。"无序"则是没有条理、杂乱无章、没有规律、缺乏系统性。

在我们的生活中，遵循某种顺序是为了维持正常的"秩序"。而对于沟通表达而言，我们保持"有序"则是为了更有条理地表达自己，同时有助于对方更好地理解我们所表达的内容。

其实不仅沟通表达，在分析和解决问题时，同样要"有序"。发现问题、分析问题、找到原因、制定解决方案与评估效果，正常情况下，都要遵循这样的基本顺序。

为什么要做到"有序"？

因为遵循一定的顺序是人们的一种认知"习惯"。我们从小就生活在各种"顺序"中。语文课老师教说明文、记叙文、议论文时，都各自有一套写作顺序。数学课，在做计算题时，要遵循运算顺序：先乘方，后乘除，最后加减；有括号的先进行括号内的计算；同级运算时，按照从左到右的顺序。历史课，则是按照历史发展的时间顺序，当然，还有同一时间不同地点的空间顺序。还有化学课里，我们背过的如下图所示的元素周期表（原子序数从小到大的排序）。

无论是教育的作用还是生活的经历，都让我们通过各种各样的顺序形成了对世界的认知。而反过来，我们又通过这种认知去看待身边的事物和面对的问题。所以两个人在沟通时，让自己的表达遵循符合人类认知的顺序，就更容易让对方准确理解自己的观点和思想。

为什么人们会认可并接受这些"顺序"的存在呢？

世界处于永恒的动态变化中，这种变化又是相对稳定的。所谓"有序"，本身就是一个相对的概念。德内拉·梅多斯的系统思考理论把"系统"分为要素、要素间的关联以及系统表现的功能或目标。从系统的视角看，"顺序"恰恰反映的是"要素"之间相互联系，当这种联系呈现某种规律时，系统就是"有序"的。因此，表象是顺序，本质上则是通过顺序反映出事物及事物之间的内在联系，即规律。

虽然我们通过语言所要表达的"系统"，是一个内部要素之间存在"同时发生和并存的""非单向，非线性关系"的整体，但落到文字上，我们还是必须要以一个字、一个词和一个句子组成的"线性"方式进行论述。它们必须遵循一定的顺序，或者说规则，一个接一个地呈现。

总而言之，遵循一定的顺序来组织你所要表达的内容，更有利于沟通的准确和顺畅。如果你的表达混乱而无序，只会让对方认为你的思路不清晰，你并没有把相关的主题想清楚。

四个原则之间的关系

前面我们已经提到，结论先行、以上统下侧重于体现上下层之间的"纵向"关系；归类分组、逻辑递进则对同一层级各要素之间的"横向"关系提出要求。经过对四个核心原则的深入探讨，我们可以更进一步分析它们之间还存在哪些深层次的联系。

"结论先行"中的结论从何而来？如果采用的是自下而上构建文章框架的方式，很显然，结论是由各个信息要素经过一层一层的抽象概括而成。概括是提取共同属性的过程，如何找到共同点？那就需要对信息要素进行准确合理的"归类分组"，形成一个个的信息组。这时，在纵向就有了清晰的层次结构，接下来就要用"以上统下"对上下层级之间的关系进行梳理了，让整个框架更加严谨和富有逻辑。最后，我们还要用"逻辑递进"对各个信息组内部以及信息组之间的顺序进行梳理，让它们按照一定的规律进行有序的排列。

最终，在四个基本原则的规范下，我们的表达内容就呈现出观点明确、结构清晰、层次分明、富有逻辑、井然有序的状态，从而使说者清晰高效，听（看）者清楚明了。

因此，四个基本原则之间是相辅相成、辩证统一的关系。

方法篇

覆盖

类职场写作场景的写作方法

　　写作是一个很大的话题，哪怕是职场写作这样一个已经聚焦在一定范围内的写作。要通过简短的一门课或薄薄的一本书讲得全面而透彻是很难的。所以我们采用"less is more"的策略，不求多，但求精；而这个"精"不是简单地追求量的控制，而是力争做到以点带面、触类旁通。

　　前文也有提到，我们选取了职场四类常见的写作场景：传递信息、总结工作、说服他人以及汇报方案。针对每个场景的特点都提供了完整的操作框架，系统的方法，以及各种实用的工具。其中的各类工具既可以独立使用，又能彼此搭配以应对不同的场景需求。

　　虽然设定的场景没有那么具体，但当你在实际工作中运用的时候会发现，本书提供的方法可以进行拆解和自由组合，以满足各种具体写作场景下的需求。这便是我们所说的"less is more"设计理念。在课程本身的整体安排上就有这一点的体现，"汇报方案"这个场景的方法实际上是前面三个场景下方法的汇总。

　　通过这样的设计，本书提供的方法看似不多，但对于大家的实际应用而言，却是充满了无限可能。这完全得益于"结构思考力"理论和工具的支撑。从思维的层面谈写作，将使我们的思路更加开阔，将行文之初的重点放在整体框架的构建上，更关注表达的逻辑性、准确性，这种方式也更加符合商务环境的需求。

　　另外，写作与思维是密不可分的。相信本书提供的方法，不仅能帮助大家掌握职场写作的技巧，同时通过大量的实践和练习，促进大家思维能力的提升和改善，这也许才是对你我而言更加重要的意义。

一、清晰传递信息：短时间内快速组织信息并有效传递

　　古人在传递信息的时候就已经开始尝试一些方法，比如飞鸽传书、狼烟烽火、快马传递及暗号等。我国也是最早开始有组织传递信息的国家之一，在距离现在三千多年的商代，已有信息传递的记载。古代没有现在如此先进的通信技术，传递信息的手段原始而低效。现在我们有了先进的技术，是不是沟通交流就高效了呢？

　　工作中，职场人士经常需要在短时间内快速地厘清思路，组织语言，形成一封邮件或一份报告，以对某件事进行说明，或者对某个观点表达自己的想法。到这个时候，人们往往会出现两种尴尬的状况：大脑突然短路，毫无头绪，不知从何处下笔；或者文思如泉涌，指点江山激扬文字，挥挥洒洒写了一大篇，结果被领导无情地打回，或者被客户告知："很抱歉，完全看不懂你想说什么！"

　　为了避免陷入这两种尴尬的境地，需要找到一种方法，来帮助我们快速搭建写作框架，

组织素材，最终能清晰地向领导、同事或客户传递信息，准确表达自己的观点或想法。

其实，有一种场景向我们展示了这样一种方法，而且非常有效，那就是"读书"。大家都知道，书是作者与读者之间"神交"的桥梁，作者通过写一本书，向读者传递自己想要传递的信息，表达自己的观点和思想。那么作者向读者"传递信息"经历了怎样的过程呢？

首先是书的封面有一个大而醒目的书名，如果把整本书看作一篇文章，那这个书名就是文章的标题了。然后是"序"，有自序和他序之分，自序一般就是告诉读者，作者为什么写这本书，前因后果是什么；他序多讲述读者如何优秀，这本书如何好。紧接着就是"目录"，即整本书的骨架。最后才到真正的核心内容。

参照"书"传递信息的方式，我们总结出通过写作传递信息的方法，如下图所示。首先设计一个准确的标题，然后写一段序言介绍背景信息，最后搭建表达的框架。通过这三个步骤快速厘清思路，组织语言，在短时间内完成一次高质量的书面表达。

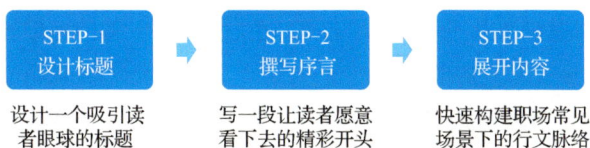

STEP-1 设计标题	→	STEP-2 撰写序言	→	STEP-3 展开内容
设计一个吸引读者眼球的标题		写一段让读者愿意看下去的精彩开头		快速构建职场常见场景下的行文脉络

STEP-1　设计标题：设计一个吸引读者眼球的标题

WHY：这是一个抢夺注意力的时代

著名的诺贝尔奖获得者赫伯特·西蒙在对当今经济发展趋势进行预测时也指出，"随着信息的发展，有价值的不是信息，而是注意力。"这种观点被 IT 界和管理界形象地描述为"注意力经济"。

没错，在这个内容泛滥的时代，要抢夺的是"注意力"资源。因为人的注意力是有限的，注意力的背后是人们的时间和精力，而一个人每天的时间和精力都是极其有限的，尤其是被繁忙的工作和沉重的生活填满之后。

为什么要抢夺注意力呢？"注意力"是人的心理活动指向和集中于某种事物的能力。俄罗斯教育家乌申斯基曾精辟地指出："'注意'是我们心灵的唯一门户，意识中的一切，必然都要经过它才能进来。"所以，从这个角度说，抢夺注意力是为了占领人们的认知高地，让自己的观点、思想在对方的大脑中占有一席之地。

　　不要认为抢夺注意力只是互联网从业者的事，身在职场的你同样需要为此付出努力。作为下属，需要争夺老板（领导）的注意力，才有机会升职加薪；作为销售人员，需要争夺客户的注意力，因为"这块肥肉"旁边围着不止你"一头狼"；更别提营销策划人员了，他们的本职工作就是设计各种活动，抢夺消费者的注意力。

　　落到文字上，对于职场写作而言，一封邮件、一个 PPT、一份报告、一个方案，就是抢夺注意力的有效途径；而不管内容包含多少言语，最初步入读者眼帘的还是那一句小小的标题。

　　抢夺注意力，从标题开始。

　　请你联想一下，平日里对公众号文章的阅读方式，要不要点击进入文章浏览内容，是不是完全取决于"标题"与你的需求或兴趣的匹配度？所以对公众号文章而言，标题太重要了。相信大家也听过许多公众号为了取一个好标题而煞费苦心的故事。

　　虽然，在职场流转的那些文件报告，不管标题是否吸引人，我们都得打开看。但一个好的标题，绝对是快速抓住对方眼球的有效手段，也会让对方将你的内容在他的"待阅清单"中安排在一个靠前的位置。

　　职场效率为先，尤其在规模大的公司，一切都要走流程。大家都希望自己传递出去的信息能被尽快处理，然后好走下一个流程。

　　以电子邮件为例，一封邮件的标题既是关键所在，也是最难写的部分。邮件文化比较重的公司，一名员工一天要处理至少 100 封邮件，而近三分之一的邮件根本不会被打开。这种情况下，如果你的标题还很糟糕，那你凭什么奢求对方会点开你的邮件呢？

　　从这个角度看，职场写作的标题设计又何尝不重要？

WHAT：给你的标题做个"SPA"

　　大家先来看一组标题：

- 积分贷产品介绍
- 春节内部推荐政策
- 4G 终端产品营销方案
- ×× 公司战略规划报告

　　这样的标题形式相信大家在职场中经常见到，看完之后最大的感觉就是"睡意浓"。比如其中的产品介绍和内部政策，很可能是一次现场说明。很多职场人士都要经常参加这样的说明会，或者是产品部讲新开发的产品，或者人力资源部对某个新出的政策进行宣讲。这样的标题一出来，总是让人哈欠连天，或者心生抗拒，赶紧拿起手机转移注意力。

这样的标题到底存在什么问题，以至于如此不招待见？

最大的问题在于，人们看到这样的标题，心中马上会冒出一个大大的问号：这跟我有什么关系？抱歉，我很忙，还有很多工作等着我做。你占用我大量的时间，就为了让我看（听）这个？

网络上有一个段子令笔者一直记忆深刻，说的是两个国家关于人口普查的宣传口号。

A 国：人口普查！全民有责！科学发展！摸清国情！

B 国：如果不知道社区有多少人，那我们怎么知道要建多少医院和学校呢？

无需多言，明眼人一眼就能看出这两句口号的差别。A 国是典型的自说自话型，完全站在自己的角度和出发点，给人一种强烈的感觉：参与人口普查完全是为了帮你完成任务。B 国就恰恰相反了，让人感觉：这是我自己的事，我一定要积极参与其中。

虽然是一个带有讽刺意味的幽默段子，但用严肃的态度思考它，也能从中得到一些启发——要激发对方的兴趣或引起对方的关注，就要找到跟对方密切相关的**"利益点"**。

有人也许会说，不就是利益点嘛，这还不简单，学那些公众号文章的标题风格不就可以了？

不用说太多，大家都知道职场写作与公众号文章的写作有着本质的区别。本书总结的写作方法不是帮助你写出那些阅读量过万的文章，而是如何提高职场写作能力，以便更加高效准确地进行书面表达。因此，万万不可做恶性"标题党"。工作信息的传递最基本的要求就是：**准确客观**。

另外，现在公众号文章的标题越来越长，这种现象是特殊的商业逻辑所致，同样不能直接照搬到职场写作中。对于商务环境下的正式写作来说，标题要简单明确，不要堆砌无效信息，标题的字数应该控制在 16 个字以内。

1．职场写作的标题要符合 SPA 原则

经过上面的分析，现在可以总结一下，职场写作中，好的标题应该符合的标准：简单明确（Simple）、利益相关（Profit）、准确客观（Accurate），我们称之为 SPA 原则，如下图所示。

（S）简单明确：形式简单，观点明确

（P）利益相关：利益相关，引起注意

（A）准确客观：实事求是，符合事实

简单明确（Simple）就是要做到形式上简洁精练，控制字数，只保留核心关键字。同时，标题必须是一个明确的"结论"。前面已经说过的"结论先行"，就应该从标题开始。通过标题，读者就能清楚地知道你的观点和立场。

利益相关（Profit）是 SPA 原则中最重要，也是最难做到的。重要，是因为做到了就可以"直击人心"；困难，则是因为"人心难测"。这里所说的"利益"不是自己的利益，而是对方所关注的，与其息息相关的切身利益。要找到这个利益点，一方面要做到换位思考，从对方的角度考虑问题；另一方面则是要深刻全面地了解对方。

准确客观（Accurate）是最基本的要求，不夸大其词，不过多表达主观情绪。还要注意"以上统下"，标题是对所有内容的终极提炼，如何在字数有限的情况下概括出全文的核心本质，需要强大的抽象思维能力。

2. 设计标题的万能公式

SPA 原则是一个标准，我们可以用它来指导和评估标题的设计。但具体如何设计标题，还需要可行的方法。在此，为大家提供一个设计标题的万能公式：

简单地说，这个公式所要表达的核心就是"谁 + 做了什么事 + 得到什么结果"。这个公式建立在 SPA 原则之上，无论怎么表达，都不能超出 SPA 原则的范畴。

工作中的信息交流，多数情况下都是围绕问题的分析和解决，所以无论是领导还是同事，大家更关心"做了什么""得到了什么"。如果这件事还未发生，那需要写的可能是计划或规划，就要告诉对方预期可能产生的结果；如果已经发生，那我们写的就是一篇总结，则要对已经成为既定事实的结果进行提炼概括。

可以采用以上方法，对前面的四个标题进行如下优化：

- 积分贷产品介绍→大力推广积分贷产品，实现多方共赢
- 春节内部推荐政策→春节期间内推奖励翻翻
- 4G 终端产品营销方案→加大资源投入，提升 4G 客户份额
- ×× 公司战略规划报告→改革创新，降本增效，提升经营业绩

可以看出，经过优化后的标题并不华丽，但都明确地告诉读者，你为什么要看我的方案和报告，因为对你有好处。

对于标题的设计，包装固然重要，但更重要的是通过标题的设计引发你对写作内容的深入思考。如果不能快速根据内容提炼出符合 SPA 原则的标题，那就要反思一下：你的写作内容是否清晰富有逻辑？你对这个问题本身的思路是明确的还是模糊的？

HOW：他山之石，可以攻玉

如果没有背景信息做参考，是难以单独对"标题"进行分析判断的，因此"标题"的案例分析将在 STEP-2 的 HOW 环节与"序言"部分一并进行。

IF：深度学习离不开独立思考

问题 1：在与本环节内容相关的方面，您进行实际写作时是否存在困惑？有哪些困惑？

问题 2：本小节主要讲了哪些核心内容？请使用您自己的语言进行概括。

问题 3：看完本小节的内容，您有什么样的感受？

问题 4：对于作者的观点，哪些讲得好，哪些讲得不好？不好的部分您觉得应该如何讲更好？

问题 5：在您的实际工作中，如何处理类似场景下遇到的问题？

问题 6：您觉得本小节的方法如何应用到您的实际工作（或学习）中？

STEP-2 撰写序言：写一段让读者愿意看下去的精彩开头

WHY：职场写作需要讲故事

　　Kevin 在 A 集团负责融资的工作，随着集团发展脚步越来越快，对于资金的需求越来越大，这一块几乎成为集团发展的最大瓶颈。为此，Kevin 特意做了一个金融解决方案，准备写下来呈报给老板看看。老板属于细腻型，每天关注的事很多。Kevin 在想，这个方案该怎么写才好呢？尤其是开头很重要，得用简洁明了的方式把前因后果交代清楚，还要引起老板的兴趣……

　　这样的写作需求在工作中广泛存在。当我们向并不了解背景情况的人说明一件事或表达自己的某个想法之前，需要用简短的话语告诉对方，我将要说的这件事或这个想法，是基于什么样的背景，或者我要解决的到底是一个什么样的问题。有了这样的"铺垫"，对方才能更好地理解你后面的核心内容。

　　有什么好的方法可以快速为自己的"正文"部分，写出一个既简洁又有吸引力的"开头"呢？先来看一件有趣的事。

　　《人类简史》一书提到，大约在 200 万年前到大约 1 万年前，地球上同时存在着多种不同人种，其中就包括我们的祖先智人和尼安德特人。尼安德特人跟智人相比有更加发达的、更大的脑容量。他们会用火，也会用高超的狩猎技巧。然而，就是因为不会"讲故事"，最后跟其他所有人种一样，都被智人给灭了。

　　为什么会发生这样的事？那要从人类语言的发展说起。

　　智人语言的发展大概经历了三个阶段。第一阶段，只能传达一些身边的环境信息，比如河边有只狮子。除了人类，很多动物的语言都能达到这个阶段。在这个阶段，一个部落最多也就几十个人，人多了以后就没法合作交流。第二个阶段，智人的语言发展出一个非常重要的能力——八卦！大家聚在一起聊天、交流。在这个阶段，一个部落可以发展到 150 人左右。这个规律在现代企业中也适用，比如一个公司在 150 人以内时，完全可以靠人际关系和人情进行管理，而一旦规模再扩大就很难了。第三个阶段，智人学会了"讲故事"，而且是不存在的虚拟故事，比如洞口这棵大树是咱们的保护神。这样一来，就可以聚集更多的人为同一个目标一起合作。可以想象一下，这个时候尼安德特人与智人发生冲突，最多也就组织几十个人来血拼，而智人可以组织成百甚至上千人，你说能不被灭吗？

在当前互联网环境下，"讲故事"的能力更是被提升到一个从未有过的高度。作为创业者，你说不好故事，就很有可能说服不了投资人给你投钱。你从投资人那里得到的反馈可能是"我觉得你说的不够吸引人""我觉得你根本没想清楚"。

从某种程度说，讲故事的能力是决定人类发展特别重要的能力，比如宗教、国家都是通过虚拟的故事让人们能够互相协作，从而推动社会和事件的发展。在现代职场，如果你也善于"讲故事"，就能更好地与同事、领导、客户进行沟通。

WHAT：商务环境下如何讲一个好故事

大家都知道，好的故事需要打动人的情节，而情节则需要矛盾、冲突来推动，这样整个故事才显得百转千回、曲折多姿。大家还记得小时候学过的《小马过河》的故事吗？故事的梗概是这样的：

> 妈妈让小马把一袋粮食送到河对岸去，可是河上没有桥，只能自己蹚水过去。小马不知道河水有多深，于是就去问老牛和松鼠。然而老牛和松鼠给的答案完全相反，小马左右为难。怎样才能知道河水有多深，并把粮食送到对面呢？它就去问妈妈，在妈妈的鼓励下，小马亲自尝试并成功过河。

我们仅仅用简短的这样一小段文字，就把这个故事说完了。

大家再回想一下平时看电视节目（尤其新闻类）还有公众号的文章，在正式进入核心内容之前，一般都有一段内容作为铺垫。随便找一段看看：

> "自带头条体质"的张家界大峡谷玻璃桥 8 月 20 日开放营业。简直是万众瞩目，堪比春运啊！多少人都眼巴巴地想去看一看。然而，万万没想到！短短12天后，它竟然被紧急叫停了！ What Are You 弄啥嘞？……

用这一段内容与"小马过河"的梗概做一下比较，很快就能发现，这两段文字都暗藏着一个极其相似的"模式"：先交代背景，然后抛出一个"然而"，让事情发生了转折，接着提出了问题，最后给出问题的答案。

1. 讲故事有套路

这个"模式"就是接下来要为大家介绍的讲故事的 SCQA 序言模式，如下图所示。

（1）情境（Situation）

情景是对原本稳定状态的描述，即原本已经发生或正在发生的事情，通常它是关于文章主题公认的事实，一定要符合读者的知识、信念、感情和愿望，让读者有认同感。只有认同了，读者才有兴趣，才更利于文章后面内容的全面展开。从讲故事的角度说，它是一个原有的"情节"。

（2）冲突（Complication）

Complication 这个词不太好翻译。牛津词典的解释是"a thing that makes a situation more complicated or difficult"，即"让局面变得更加混乱、复杂而难解的事物"。再来看看《金字塔原理》芭芭拉·明托对它的解释："The Complication of the introduction is not a complication in the 'problem' sense of the word, although it may frequently be a problem. It is the Complication in a story you are telling, and thus creates the tension that triggers the Question."按照明托的解释，我们可以这样理解：Complication 并不是指一般意义上的"问题"（虽然它经常也会表现为一个问题），对于你正在讲的故事而言，它是那个会制造矛盾，同时让你感到紧张不安的因素，而这一矛盾会引发读者在心中产生疑问。

所以如此看来，Complication 是一个推动故事情节发展的因素，它打破原有的稳定状态，让局面变得混乱复杂。Complication 让情节发生反转，它的存在会让你的故事充满张力。同时，Complication 会触发读者心中的疑问，让读者更想继续看下去。

所以，"冲突"也许是与 Complication 最贴近的词语了。

（3）疑问（Question）

疑问由你提出，用来引导读者思考的方向，或者由冲突引发的疑问特别明显时，也可以隐藏，成为隐性的疑问。

（4）回答（Answer）

回答即解答读者心中的疑问。

Kevin 使用 SCQA 模式重新梳理了自己的思路。

- S：集团近年发展快，产量提高，被政府扶持。
- C：集团资金缺口日益明显。
- Q：如何解决资金缺口的问题？
- A：设计全方位的创新金融服务支持方案，以解决资金缺口过大的问题。

最后写出一段完整的序言：

集团近年来发展速度快，产量逐年提高，众多项目被列为北京市重点项目。然而与此相悖的是，集团资金缺口日益明显，已然成为限制企业快速发展的主要瓶颈。如何拓展融资渠道？如何降低融资成本？如何提高资金使用率？这些都是解决资金缺口的关键问题。为此，特设计全方位的创新金融服务支持方案，以改善资金缺口过大的问题。

在结构思考力中，我们始终强调"结论先行"，实际上 SCQA 中 A 的部分就是我们要做到的"结论先行"的主题。同时，A 与前面所讲的标题也应该是对应的。所以 SCQA 序言结构相当于用"SCQ"的方式来导出你的主题，如下图所示。

2. SCQA 不只是用来讲故事

了解到 SCQA 序言模式之后，再联系我们的日常生活和工作，你会发现，SCQA 的表达方式可以说无处不在。无论是报纸（现在是 APP）上的新闻、公众号文章的开头，还是电视节目的开场，甚至是化妆品的广告，都在使用 SCQA。而在那些 SCQA 序言内容的指引下，你的思路无形中被"牵着"走，潜移默化地就被说服了。所以，适当地运用 SCQA，可以增强你的说服力。

SCQA 的实际意义远不止是讲故事。你甚至可以用它作为整篇文章的框架！当你需要向他人描述针对某个问题的前因后果时，就可以分别从 S、C、Q、A 四个方面进行详细说明。与刚才展示的简短序言不同的是，如果用 SCQA 为整篇文章布局，那就需要填充更多、更详细的内容进去。

实际上，SCQA 还是展现你清晰思路的有效方式。当然，前提是你的思路确实是清晰的。只有把你想要描述的问题彻底想清楚了，你才有可能用一段简短的序言让对方听明白。在工作中，总有一些人整天嚷嚷着要解决问题，可是当你问他想解决的是什么问题时，他却支支吾吾说不清。这也印证了一句话，如果你能够清清楚楚地把问题写出来，便已经解决了一半。

你还可以用 SCQA 向领导汇报工作，因为它可以帮你快速厘清思路并组织素材，尤其适用于一些突发情况。比如在电梯里偶遇领导，对方问起最近在做的某件事进展如何；还有突然被领导叫到办公室，问你某项工作现在是什么情况。

在电影《利益风暴》中就有这么一段。故事发生在 2008 年经济危机爆发时，华尔街一家投资银行的年轻分析师皮特·苏利文突然发现，公司的财产评估有着巨大的漏洞，而这一发现同时也意味着公司走到了破产边缘。高层连夜开会商讨对策，连大老板都连夜坐着直升机赶到。就是在这样重大的会议上，最底层的分析师与大老板直接对话，向他说明相关情况。苏利文是这样说的：

"我的工作是在风险分析和管理部门，给罗杰斯先生当副手，负责抵押支持债券。（S）在过去的 36 到 40 个月里，公司开始把不同评级的产品打包成新的可交易的抵押支持债券，这个产品给公司带来了巨额收益。公司现在每天都在大量交易这个产品。（C）但有一个问题，也就是让我们今晚聚集于此的问题……所以我们把公司的负债资产率提高到了一个让人无法容忍或者无法允许的高度，进而公司的风险预估值也不知不觉提高了。"

这里面隐藏了一个明显的 Q，那就是"怎么办呢？"同时，他也没有给出 A。因为这个问题的级别太高，已经远远超出他的能力和职责范围。A 只能留给老板和高层们商定。

如果你是管理者，同样可以采用 SCQA 给下属布置工作。很多管理者在分派任务时，模棱两可，含糊不清，结果就是下属稀里糊涂地执行，最后达不到预期效果。用 SCQA 的框架：通过 S 让员工了解背景信息，清楚地知道你为什么要让他做这件事；通过 C 为员工揭示这件事的关键点所在；通过 A 给员工指明一个工作的思路，避免他走弯路。

3．三类常见问题类型的序言写作方式

写作序言时，为了表现不同的冲突点，可以有不同的写作方式。总体说来，序言有恢复原状型、预防隐患型、追求理想型三种不同的写作方式，如下表所示。

问题的类型	S 背景	C 冲突	Q 读者的疑问
恢复原状型	原本处于一个良好稳定的状态	发生了某事使原有状态恶化	怎么做才能恢复原状？
预防隐患型	目前的状态良好而稳定	存在导致状态可能恶化的隐患	怎么做才能防范隐患？
追求理想型	目前处于某种状态	希望改善现状得到更好的状态	怎么做才能更好？

（1）恢复原状型

某制造业近期生产成本节节攀升，已成为亟待解决的问题：

（S）过去一段时间，本企业生产成本一直控制在一个正常水平。

（C）近期，受各方面因素的影响，生产成本越来越高。

（Q）如何做能将成本降低至原有水平？

（A）降低生产成本的举措如下……

（2）预防隐患型

孙经理管理的部门人手越来越紧张，已经到了影响正常工作的程度。于是他特意向领导写了一份申请：

（S）过去几年，我们部门编制一直是 14 人，每年业绩保持 20% 的增长。

（C）接下来任务越来越繁重，按照预计的业绩目标，我们员工必须超时工作，而且周末加班，甚至还会造成很多工作积压。

（Q）怎么避免工作积压过多没人做的情况呢？

（A）我认为，应该增加至少 5 人的编制，才能保障部门的正常运转。

（3）追求理想型

某网购平台希望给大客户（企业客户）提供更好的采购解决方案：

（S）目前与大客户的合作，采用的依然是传统的模式，处于初级阶段。

（C）传统模式已凸显各种问题，如价格不统一、审批烦琐等。

（Q）怎么做能让双方的采购流程更顺畅和高效呢？

（A）采用新的采购解决方案……

4．不同顺序产生不同的风格

SCQA 是写作文章序言的四个组合要素，将这四个要素进行不同顺序的排列，可以

展现不同的风格，表达不同的情绪，如下图所示。

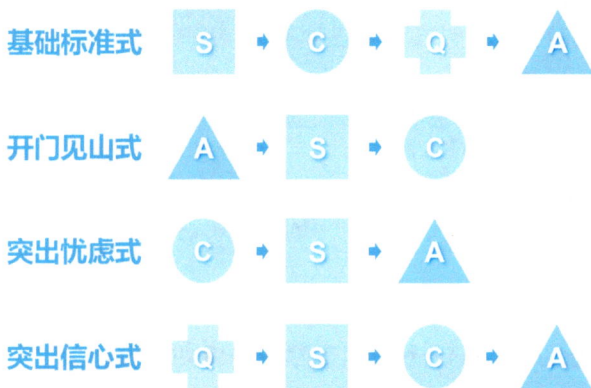

前面 Kevin 已经使用标准式写出了他的序言，现在我们用其他三种风格来尝试一下。

（1）开门见山式

我设计了全方位的创新金融服务支持方案，以改善目前资金缺口过大的问题。集团近年来发展速度快，产量逐年提高，众多项目被列为北京市重点项目。然而与此相悖的是，集团资金缺口日益明显，已然成为限制企业快速发展的主要瓶颈。

（2）突出忧虑式

近年来，集团资金缺口日益明显，已然成为限制企业快速发展的主要瓶颈。集团发展速度越来越快，产量逐年提高，众多项目被列为北京市重点项目。为此，特设计全方位的创新金融服务支持方案，以解决上述问题，改善资金缺口过大的现象。

（3）突出信心式

如何拓展融资渠道？如何降低融资成本？如何提高资金使用率？这些都是解决资金缺口的关键问题。集团发展速度越来越快，产量逐年提高，众多项目被列为北京市重点项目。可是，集团资金缺口日益明显，已然成为限制企业快速发展的主要瓶颈。为此，特设计全方位的创新金融服务支持方案，以解决上述问题，改善资金缺口过大的现象。

HOW：他山之石，可以攻玉

案例 1

标题：削足适履，终非善策

序言：（S）近年来，由于古典式"宫体纵切口"剖宫产并发症多，再次妊娠分娩时发生子宫破裂的可能性大，此方案已几近废止。（C）然而，在"先兆子宫破裂"及"横位肩先露"紧急剖宫产术中娩出胎儿困难等情况时，术式的选择成了术者的难题。（A）古典式"宫体纵切口"术式耗时少、空间大，留有向宫体部延伸的余地，利于娩出胎头，为最佳的选择。

解析：

标题部分。可以看出，本案例是将目前"一刀切"的方式类比（这是一种"包装"形式，第四个场景中我们会讲到）为"削足适履"这个成语，非常形象贴切。但问题也恰恰出在这里——过于抽象，如果不看正文是不知道本案例想说什么的。可以加上一个副标题，对正文的核心内容进行概括说明，如"削足适履，终非善策——剖宫产术式选择不可一刀切"。

序言部分。根据本案例的描述，应该是想表达"古典术式因为某些缺陷已被废止，但特殊情况下，它却是更好的选择，因为它有着独特的优势，这一优势能很好地解决特殊情况下的难题"。所以 C 部分的表述是不准确的，或者说未能体现出真正的问题所在。我们给它修改一下：

（S）近年来，由于古典式"宫体纵切口"剖宫产并发症多，再次妊娠分娩时发生子宫破裂的可能性大，此方案已几近废止。（C）然而，在某些特殊情况下，如"先兆子宫破裂"及"横位肩先露"，会出现娩出胎儿困难等问题，耗时久，无形中增加了手术风险。（A）古典式"宫体纵切口"术式具有耗时少、空间大的优势，留有向宫体部延伸的余地，有利于娩出胎头，是这些特殊情况下术式的最佳选择。

案例 2

标题：入驻 ×× 创业基地，实现创富梦想

序言：（S）在国家"大众创业，万众创新"的号召下，越来越多的创业者入驻创业基地，开启创业之旅。（C）但是，目前创业者仍然面临严峻挑战，一是创业场地租金压力大；二是孤军奋战，盲目创业，创业风险较大；三是企业发展缓慢，走上正轨无期限。（Q）那么，创业者应该选择什么样的创业基地呢？（A）

今天我向大家推荐 ×× 创业基地。因为 ×× 创业基地通过降低场租成本、给予专业指导以及提供创业资金三方面支持创业者，助力创业者早日实现创富梦想。

解析：

标题部分。简洁清晰明了，很明确地告诉读者"你要做什么"以及"做了以后有什么好处"。

序言部分。可以看出，本案例的表述主体在"创业者"和"创业基地"之间来回切换，造成了读者理解上的混乱。SCQ 都在说"创业者"如何如何，到了 A 突然就开始"推荐 ×× 创业基地"，但始终没有说清楚，创业者遇到的问题与创业基地之间有什么关系。我们给它修改一下：

（S）在国家"大众创业，万众创新"的号召下，创业基地成为众多创业者开启创业之旅的首选。（C）然而，目前大多数创业基地由于各方面的原因，很难满足创业者的需求。（Q）到底什么样的创业基地才是创业者的最佳选择呢？（A）今天我就要向大家推荐这样一个能全方位对创业者提供支持的创业基地，这就是 ×× 创业基地。

案例 3

标题：如何让操作员达到 100% 的准确率

序言：（S）目前业务迅速膨胀，客户对数据准确率要求非常高。（C）但是培训做了，操作指南也下发了，为什么在实际操作中仍然有差错呢？（Q）培训到底有用吗？（A）关于学习，有主动学习和被动学习两方面。一直以来，我们从学校到职业环境，一般来说都是被动学习。老师教，上司教，我们都是被动接收。这暴露出我们知其然而不知其所以然的根本问题。因此，必须采取主动学习，即由操作员积极主动梳理知识，操作熟练并考核过关后才能上岗。

解析：

标题部分。本案例采用问句的形式，目标很清晰——100% 的准确率，但信息不完整，读者只看标题还是不知道你要说什么。有两种改进方式，一种是采用案例 1 的方法，加上副标题；另一种就是使用陈述句而非问句，如"推动操作员主动学习，让准确率达到 100%"。

序言部分。本案例想表达的意思是"虽然为操作员提供了培训，但他们是被动学习而非主动学习，所以效果并不好"，可是在 C 的部分并没有体现出这一冲突。Q 的问题也很突出，根据全文可以看出，本案例要讨论的并非培训有没有用。Q 是为了引导读者的思考方向，不能为了问而问。最后 A 突然进入"主动学习"和"被动学习"的讨论，显得非常突兀。本案例没有清楚地解释"客户对数据准确率要求高"与"培训"以及"主动 /被动学习"之间的关系。整段序言看下来显得非常混乱，令人难以理解。我们给它修改一下：

标题：推动操作员主动学习，让准确率达到 100%

序言：（S）目前业务迅速膨胀，客户对数据准确率要求非常高，这就对操作员的准确率提出了更高的要求。为此，我们为操作员提供了许多相关培训。（C）结果，培训做了，也印发了操作指南，但操作员在实际操作中仍然错误频频。研究后发现，原来是操作员始终处于被动学习的状态。（Q）到底如何做才能改善培训效果，从而提高操作准确率呢？（A）调整培训策略，采取主动培训模式。由操作员积极主动梳理知识，操作熟练并考核过关后才能上岗。

Tips：标题难点在"利益"，写好序言需深思

1. 关于标题

实际运用时，标题最常见的问题就出在 SPA 的"Profit"上——不能通过标题明确地展示"利益点"。利益点的挖掘是最重要也是最难的环节。一方面，你需要换位思考，深入了解对方的关注点和兴趣点所在；另一方面，你需要对自己的内容进行深度思考，多问几个"为什么？"以及"然后呢？"。

2. 关于序言

序言的结构看似简单，但要写"好"并不容易。何为"好"？清晰、流畅、富有逻辑及有说服力。为了做到这个程度，不仅要把 SCQA 的每一个部分都表达清楚，还要注意它们之间的衔接过渡。在使用 SCQA 写作序言时最常见的问题包括：

（1）S、C、Q、A 信息描述不完整，或者表述混乱；

（2）S、C、Q、A 之间的过渡非常生硬，过于牵强；

（3）S 描述过于简单，缺乏代入感；

（4）C 不突出，不深刻；

（5）Q 为提问而提问，不能起到正确引导读者思考的作用；

（6）A 跑偏，未能与核心结论对应；

（7）内容隐含的逻辑经不起推敲，缺乏说服力。

如果不能写出清晰流畅的序言，那你就需要反思了：自己到底有没有把想要处理的问题想清楚？有没有明确自己的目的究竟是什么？有没有抓住问题的核心所在？有没有透过现象看到本质？诸如此类的问题要多向自己提问，只有经过深度思考并形成准确的判断，才有可能写出"好"的序言。

IF：深度学习离不开独立思考

问题 1：在与本环节内容相关的方面，您进行实际写作时是否存在困惑？有哪些困惑？

问题 2：本小节主要讲了哪些核心内容？请使用您自己的语言进行概括。

问题 3：看完本小节的内容，您有什么样的感受？

问题 4：对于作者的观点，哪些讲得好，哪些讲得不好？不好的部分您觉得应该如何讲更好？

问题 5：在您的实际工作中，您是如何处理类似场景下遇到的问题的？

问题 6：您觉得本小节的方法可以如何应用到您的实际工作（或学习）中？

STEP-3　展开内容：快速构建职场常见场景下的行文脉络

WHY：简单有效的思维模型

符合 SPA 原则的标题和采用 SCQA 形式的序言为写作形成了很好的开头，接下来就要为核心内容搭建框架。

先说一件真实发生的事。学院有位老师曾经为一家公司的管理层培训，在学习间隙与其中一位管理者聊天。在聊天的过程中，我们的老师发现这名管理者的思维非常有条理，语言表达也特别结构化，于是就问他是怎么做到的。

这名管理者说："其实您讲的这些方法我平时就已经在用了，只是我并不知道这种方式叫'结构化'。这与我父亲有关。他从小就告诉我，遇到问题可以从三个方面去思考：是什么、为什么和怎么做。慢慢地，我就形成了这样的思考习惯。"看来，这位父亲无形之中培养了他的结构化思维能力。

说到这里，相信很多人已经知道，这名管理者的思维习惯就是 2W1H 框架。

很多人在写作的时候，面对一个明确的主题常常不知所措。要么完全没有思路，要么天马行空般各种不着边际的想法，就是不知道如何将这个主题展开成一篇系统的、有条理的文章。出现这一问题非常重要的原因之一就是大脑中缺少一个"框架"。

当我们在进行各类邮件、报告和方案的写作时，明确了标题以及设计了序言之后，就到了核心内容的展开环节。在这个环节，如果写作毫无规划并缺少逻辑，想到哪里就写到哪里，最终的结果可能会是洋洋洒洒写了很多，却难以清晰、全面及准确地表达出核心思想，甚至让读者看完后完全摸不着头脑。因此，我们首先需要建立起一个框架，让内容展开在这个框架内进行，从而避免混乱的局面产生。

WHAT：两种方式构建行文框架

在工作中，我们时刻都处在接收信息和传递信息的状态，无论是口头还是书面。要做到快速并且清晰有效地传递信息，就需要在短时间内迅速整理自己的思路，将各类信息素材组织起来形成有机的整体。在众多方法中，有一个直接、简单与快速有效的方法，那就是调用 2W1H 思维框架。

在 2W1H 框架之下，针对不同的需求重点，我们设计了两种方式来展开内容：并列式和层进式，如下图所示。

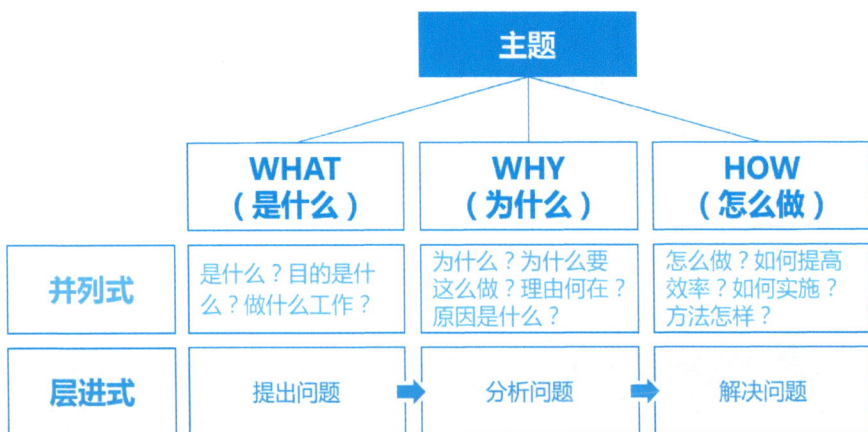

	WHAT（是什么）	WHY（为什么）	HOW（怎么做）
并列式	是什么？目的是什么？做什么工作？	为什么？为什么要这么做？理由何在？原因是什么？	怎么做？如何提高效率？如何实施？方法怎样？
层进式	提出问题	分析问题	解决问题

1. 并列式：描述说明

工作中，我们常常需要向他人描述、说明某件事情或某个事物。

例如：

- 向领导汇报工作，告诉他现在正在处理什么工作事项、为什么要这样处理、怎样处理；
- 邀请同事参与某个项目，让他知道这是一个什么样的项目、为什么要做这个项目、怎么做；
- 向客户介绍某个产品，告诉客户这个产品有什么特点、能解决客户哪些问题、为什么要设计这个产品、产品是如何帮客户解决难题的。

类似的场景不一而足，还有很多。在这些场景下，表达方式有一个共同点——核心部分都是在"回答"对方三个问题"是什么—为什么—怎么做"，这便是我们所说的"并列式"。

"并列式"指引我们将重点信息置于对方关心的三个核心问题组成的框架下。这样一来，一方面，我们自己可以快速整理大脑思路，将原本散乱的信息分别归整到三个问题下面；另一方面，对方也能有效地抓住重点，从而极大地提高沟通效率。

现在很多企业都会派员工出去参加各种培训学习，学完回来，领导碰到都会问一句："学了些什么内容？学得怎么样？"这时候，如果你说得乱七八糟，前言不搭后语，领导就会对你留下"深刻"的印象。下次再有学习机会，可能也就跟你没关系了。

那么，怎么说才能赢得领导的夸奖呢？用"并列式"即可：

- WHAT：学了哪些主要内容；
- WHY：为什么学这些内容；
- HOW：学完之后怎么用到工作中。

这样就可以有条不紊、清清楚楚地向领导汇报自己的学习情况，你在领导心目中的形象也将得到提升。

再来看这样一篇文章，是向读者介绍"批判性阅读"。

批判性阅读的重要性

阅读即思考，如果阅读只是读了文字却无思考，那么，阅读就失去了意义……

什么是批判性阅读？

对于一个懂得如何进行批判性阅读的读者而言，文章提供给他的是出自另一个个体的思考，仅仅是一部分的真相……

为什么要学习？

批判性阅读却能够为学生提供一个发展独立和批判性思维的条件……

如何正确引导？

批判性阅读的目的是能够让学生们多方面地看待事物，取其精华而不是无中生有……阅读才发挥了其真正的意义。

这就是典型的"并列式"结构：

批判性阅读的重要性

WHAT	WHY	HOW
什么是批判性阅读?	为什么要学习?	如何正确引导?

在"并列式"中，WHAT、WHY、HOW 三者的表达顺序并无定式，完全可以根据实际环境的需要做出相应的调整。

我们举一个生活中的例子。为了让老公承担更多的家庭责任，妻子决定对老公展开一番"教育"。这位老公态度还算不错，比较配合。所以，妻子决定先说 WHAT，重点让他知道自己需要承担哪些责任。

老公，你应该承担更多家庭责任

WHAT	WHY	HOW
至少50%的家务活	感情和谐、财务自由等	调整心态，相互配合

其实妻子还准备了另外一套方案，如果老公心不甘、情不愿，她就要把重点放在"说服教育"上，先说 WHY 的部分。

```
┌─────────────────────────────────────────┐
│      老公，你应该承担更多家庭责任           │
└─────────────────────────────────────────┘
        │            │            │
   ┌─────────┐  ┌─────────┐  ┌─────────┐
   │  WHY    │  │  WHAT   │  │  HOW    │
   ├─────────┤  ├─────────┤  ├─────────┤
   │感情和谐、财务│ │至少50%的家务活│ │调整心态，相互配合│
   │自由等    │  │         │  │         │
   └─────────┘  └─────────┘  └─────────┘
```

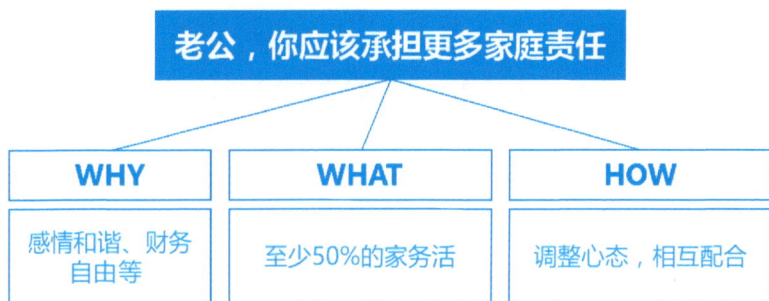

另外，在采用"并列式"展开时，并不一定每次都需要把三个方面都展开。根据对方的实际情况以及环境场合的不同，可以选择性地"放弃"，或者调整内容的深入度。

2. 层进式：澄清问题

还有一类情形大量存在于工作场景中，那就是"解决问题"。甚至有一种说法，企业就是为了解决问题而存在的。身在其中的职场人士自然也难以置身事外，每天都在面临各种各样的问题，需要不断地分析问题和解决问题。

而关于"问题"的沟通，人们似乎早已形成一套约定俗成的"套路"：**什么问题→什么原因→如何解决**，这不又是 2W1H 的思维框架吗？

该方式的背后，其实是符合人们思维习惯的：**提出问题→分析问题→解决问题**，而这就是我们此处所说的"层进式"。

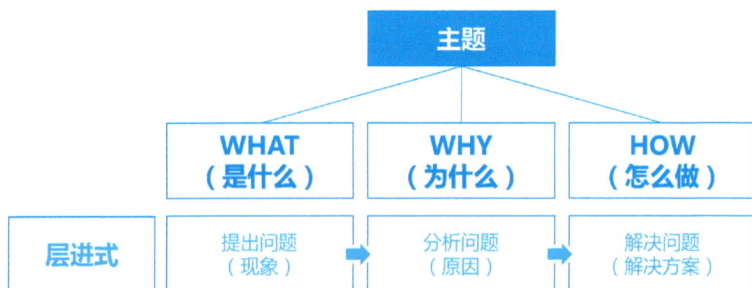

```
              ┌─────────┐
              │  主题    │
              └─────────┘
         │        │        │
   ┌─────────┐ ┌─────────┐ ┌─────────┐
   │  WHAT   │ │  WHY    │ │  HOW    │
   │（是什么） │ │（为什么） │ │（怎么做） │
   └─────────┘ └─────────┘ └─────────┘
   ┌─────┐ ┌─────────┐→┌─────────┐→┌─────────┐
   │层进式│ │提出问题  │ │分析问题  │ │解决问题  │
   │     │ │（现象）  │ │（原因）  │ │（解决方案）│
   └─────┘ └─────────┘ └─────────┘ └─────────┘
```

与"并列式"的灵活不同的是，"层进式"的格式是固定的，有明确的先后顺序——因为我们一定是先发现问题，然后才是分析和解决问题。

"层进式"具有很强的说服力，因为它暗含了某一个逻辑推理形式。在我们日常生活中，"层进式"经常会应用于广告中，用来"说服"消费者购买产品。以海飞丝的广告为例：

立即购买！去屑实力派，海飞丝

头屑去了又出现。仅仅去掉了已形成的头屑，当头油继续分泌微生物就会再度滋生头屑。新海飞丝，形成智能去屑保护层，感应头油分泌，激活去屑因子，预防头屑再生。

```
              立即购买！去屑实力派，海飞丝

      WHAT              WHY                  HOW

   头屑去了又出现    当头油继续分泌微生物    新海飞丝，形成智能去屑保护层，
                     就会再度滋生头屑      激活去屑因子，预防头屑再生
```

- 提出问题（或描述现象）：头屑反复出现。
- 分析问题：头油继续分泌。
- 解决问题：使用新海飞丝，形成保护层。

在实际运用"层进式"时，应该先绘制结构图。如下图所示，就是一个标准的行文布局的结构。需要注意的是，现象、原因和解决方案的各个信息项最好能够一一对应上。

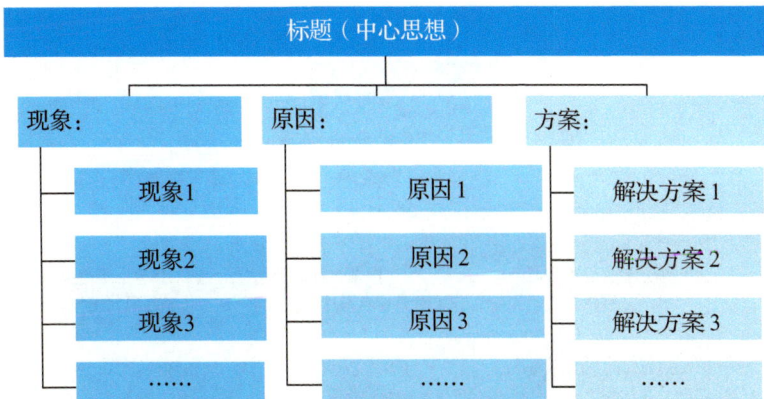

```
                    标题（中心思想）

   现象：              原因：              方案：

      现象1              原因1              解决方案1

      现象2              原因2              解决方案2

      现象3              原因3              解决方案3

      ……                ……                ……
```

如下图所示的案例，从框架上看，结构很清晰。但在原因和方案的对应上出现了问题。原因列出了三个，解决方案则提出了四项举措。如果就这样写出来，读者看完会产生困惑，各个解决方案分别对应的是哪个原因呢？是有一条原因还没有列出来吗？还是某两个解决方案属于同一类，可以合并为一项？

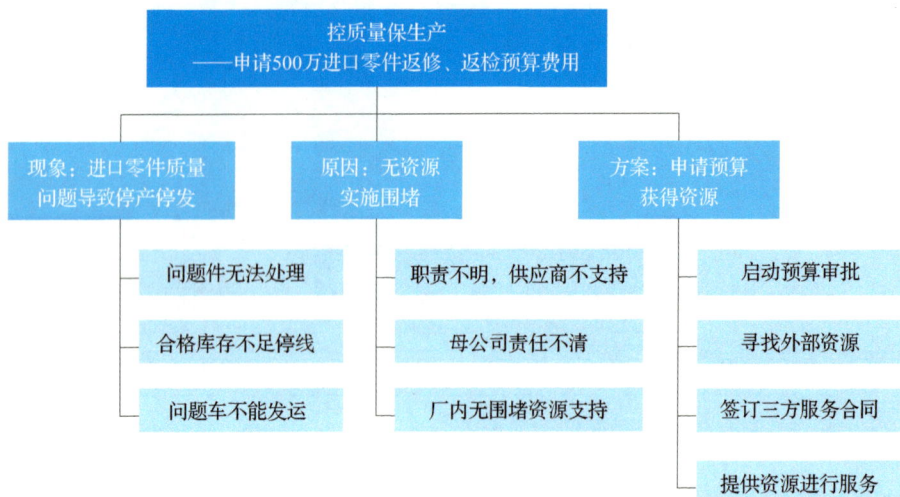

无论是"并列式"还是"层进式"，其本质都是借用 2W1H 这样一个成熟的思维框架对自己的思路进行梳理。当然这是通常情况下，针对稍显简单的局面。如果是应对复杂的问题，则可以调用更全面的框架，如 5W2H，能覆盖七个方向的问题。

HOW：他山之石，可以攻玉

案例 1

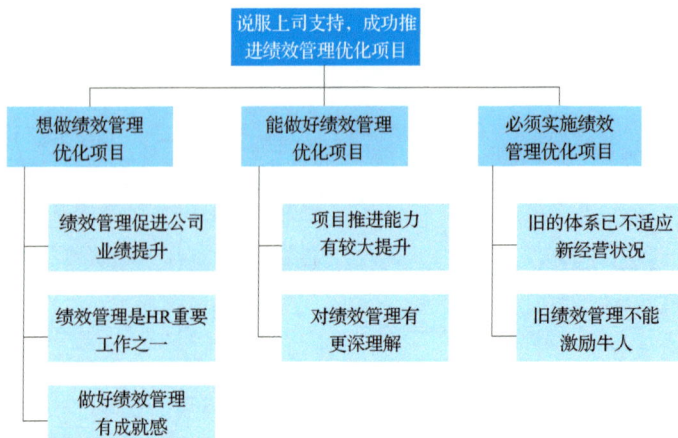

解析：

首先看主题，"说服上司支持，成功推进绩效管理优化项目"，这不是标题，而是最终想要达成的目的。

再看如何展开。分别从三个方面：想做、能做好、必须做。实际上"想做"和"必须做"都是在回答 WHY，也就是"为什么想推进绩效管理优化项目？"而"能做好"则是在回答 HOW，也就是"如何做好？"因此，这里存在两方面的问题。一方面，只是站在自己的角度说自己想做这件事，而没有站在领导的角度考虑他会关心什么问题。另一方面，则是结构的问题，包括分类和分层。如果只是从结构上进行调整，可以改成如下方式：

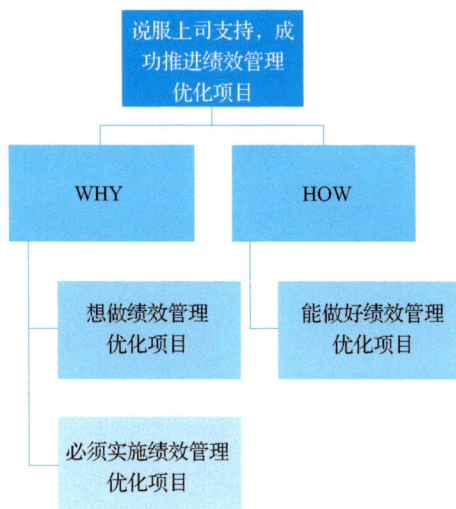

下面，我们分别使用"并列式"和"层进式"对标题和结构进行全面调整：

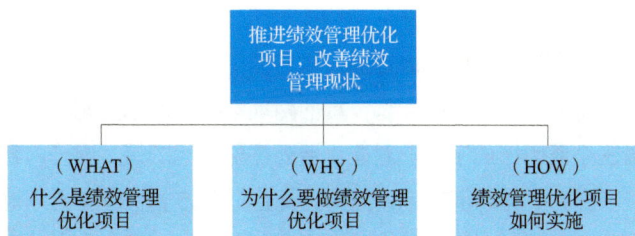

并列式

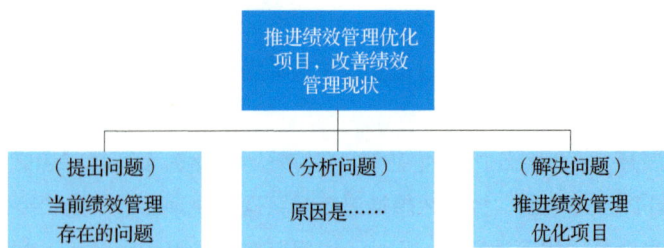

```
┌─────────────────┐
│  推进绩效管理优化  │
│  项目，改善绩效   │
│   管理现状       │
└─────────────────┘
   ┌────────┼────────┐
┌──────────┐ ┌──────────┐ ┌──────────┐
│（提出问题）│ │（分析问题）│ │（解决问题）│
│ 当前绩效管理│ │          │ │ 推进绩效管理│
│ 存在的问题 │ │ 原因是……  │ │ 优化项目  │
└──────────┘ └──────────┘ └──────────┘
```

层进式

案例 2

```
┌──────────────┐
│  入驻××创业基地， │
│  实现创富梦想    │
└──────────────┘
   ┌──────────┼──────────┐
┌──────────┐ ┌──────────┐ ┌──────────┐
│   现象    │ │   原因    │ │   方案    │
│创业者面临严峻挑战│ │缺乏有效支持│ │给予创业者有效支持│
└──────────┘ └──────────┘ └──────────┘
     │            │            │
┌──────────┐ ┌──────────┐ ┌──────────┐
│创业场地租金压力大│ │创业场地租金高，│ │申请政府支持，│
│          │ │创业成本提升│ │降低场租费用│
└──────────┘ └──────────┘ └──────────┘
     │            │            │
┌──────────┐ ┌──────────┐ ┌──────────┐
│孤军奋战，盲目创业│ │无专业人员给予一│ │给予专业指导，│
│          │ │对一创业指导│ │降低创业风险│
└──────────┘ └──────────┘ └──────────┘
     │            │            │
┌──────────┐ ┌──────────┐ ┌──────────┐
│发展缓慢，走上│ │资源没有对接，│ │提供天使创业资金，│
│正轨无期限  │ │缺乏发展资金│ │解决资金难题│
└──────────┘ └──────────┘ └──────────┘
```

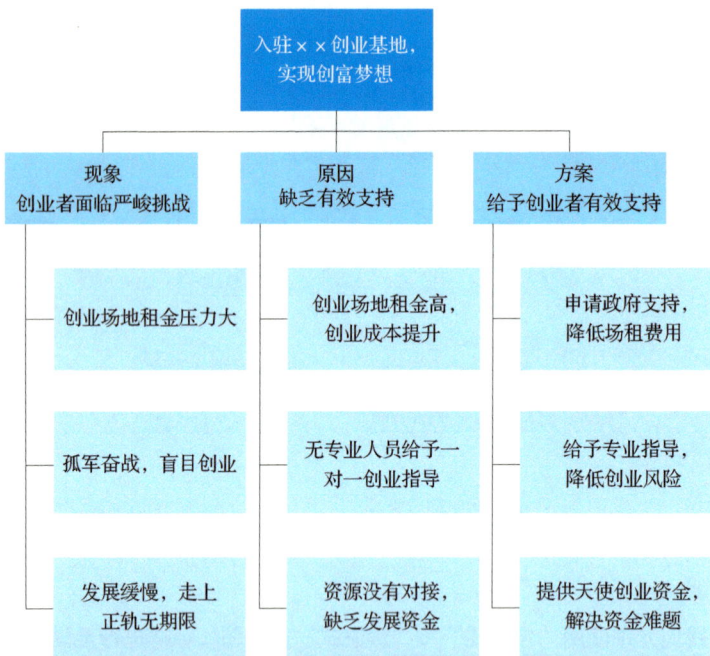

　　这个案例的标题和序言在 STEP-2 做过分析，这是它的展开部分，使用的是"层进式"，在结构上没有问题，但在内容的逻辑方面仍有问题。"现象"列举了三项，只有一项直接体现了创业"场地"的问题，其他两项都在说其他问题。做得好的地方是，三项解决措施与三个原因形成了一一对应。另外需要说明的是，展开内容的"方式"是为内容服务的，不要为了套用而套用，只有选择合适的方式，才能更好地传达内容的核心思想。比如本案例，创业者面临的挑战岂止是创业场地一项，其中涉及太多因素了。如果用"层进式"则不好控制话题的范围，而且不容易聚焦。实际上，本案例想要表达的重点是"市面上缺乏好的创业场地，一般的场地不利于创业者创业，所以为他们推荐 ×× 基地"。因此，核心应该放在"创业基地"而不是"创业者"方面。因此，我们可以用"并列式"进行调整：

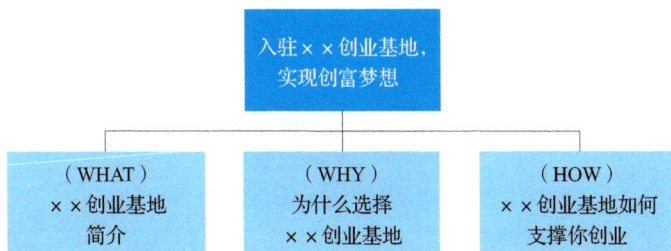

可以与之前的"层进式"进行对比。通过"并列式"的展开方式，重心由"创业者"转移至"创业基地"，可以说整个内容都是紧紧围绕"×× 创业基地"而展开。这样处理，一方面内容更加聚焦，另一方面使得"推荐"更具说服力。

案例3

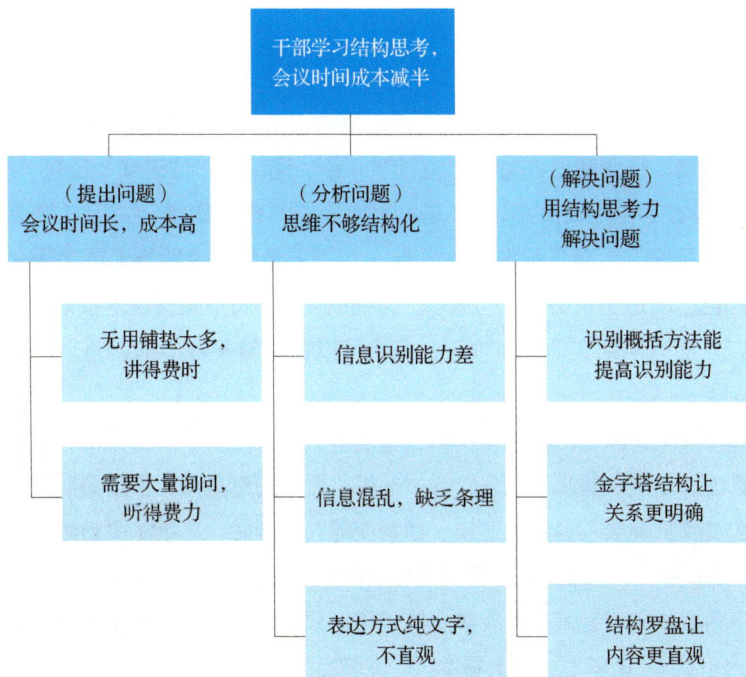

解析：

本案例采用的是"层进式"，整个结构没有问题。这种方式侧重于对"问题"的分析和解决进行的说明，更适合回答"现在有这样一个问题，你准备怎么解决？"如果前期大家已经对问题进行过分析，现在的重点是讨论解决方案，而此时你推荐了大家并不熟悉的"结构思考力"，那又该如何展开呢？我们用"并列式"：

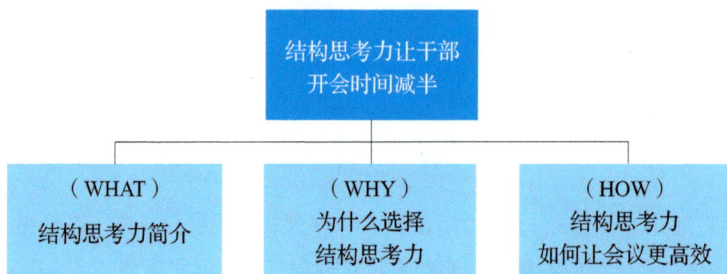

```
        ┌─────────────────────┐
        │  结构思考力让干部        │
        │  开会时间减半          │
        └─────────────────────┘
                  │
     ┌────────────┼────────────┐
┌─────────┐  ┌─────────┐  ┌─────────┐
│ （WHAT）│  │ （WHY） │  │ （HOW） │
│ 结构思考力│  │ 为什么选择│  │ 结构思考力│
│ 简介     │  │ 结构思考力│  │ 如何让会议│
│          │  │          │  │ 更高效   │
└─────────┘  └─────────┘  └─────────┘
```

所以，在实际工作中，"层进式"和"并列式"完全可以根据环境的需要灵活运用，根据内容和最终的目标选择最合适的那一个即可。

Tips：让工具为我所用

将一个明确的主题展开的方式远不止这两种，但这两种方式却是非常实用而且易于操作的，因此，这里我们作为重点进行了介绍。无论是"层进式"还是"并列式"，其本质都是 2W1H 模型下的思维方式，是典型的"模型思维"。但"模型思维"不等于"模型化思维"，我们强调的理念是，人的思维应该凌驾于工具之上。模型本身就是由我们自己创造出来的，它们应该"为我所用"，而不是反过来我们被工具所"奴役"。所以，在运用到实际工作中时，完全可以根据需要将"2W1H"替换为任何其他的模型。

宋代禅宗大师青原行思提出参禅的三重境界：参禅之初，看山是山，看水是水；禅有悟时，看山不是山，看水不是水；禅中彻悟，看山仍然是山，看水仍然是水。我们思维的训练和发展又何尝不是经历这样一番蜕变呢？刚开始，思维水平有限，只能看到事物的表面，视角单一，思维还处于零散混乱的状态；经过训练，能从多个维度看待事物，而且能将不同事物关联起来，寻找其中的规律，思维变得清晰而富有条理；最后，思维水平达到一定高度，能够透过现象看本质，突破自我，超然物外。

IF：深度学习离不开独立思考

问题 1：在与本环节内容相关的方面，您进行实际写作时是否存在困惑？有哪些困惑？

问题 2：本小节主要讲了哪些核心内容？请使用您自己的语言进行概括。

问题 3：看完本小节的内容，您有什么样的感受？

问题 4：对于作者的观点，哪些讲得好，哪些讲得不好？不好的部分您觉得应该如何讲更好？

问题 5：在您的实际工作中，如何处理类似场景下遇到的问题？

问题 6：您觉得本小节的方法如何应用到您的实际工作（或学习）中？

实践任务

任务 1：请针对本小节主要内容及核心知识点，画出金字塔结构图（或思维脑图）。

任务 2：请选择实际工作中"传递信息"场景下的某个写作主题，采用本章节对应的方法进行一次完整的写作，必须包括标题、序言、结构图（也可使用曾经写过的主题，采用本小节的方法对其进行重新梳理）。

二、准确总结工作：写一份有思想、有高度的工作总结

说到"工作总结"，相信多数人的第一反应就是每年年底要完成的那份"年终总结"，而这里我们所讨论的则是更广义的"工作总结"。无论多长的时间跨度，无论是针对常规工作还是特定任务（或者某项目），只要是对某一时间段的工作进行系统全面的梳理和总结，我们都称之为"工作总结"。

对于大部分职场人士而言，写"工作总结"可以说是一种常态，或者说是日常性工作。从时间上看，除了一年、半年这样较长的时间跨度外，很多公司要求员工写周报，甚至日报，也就是说每周每天都要进行"工作总结"。从内容上看，一部分人写得更多的是日常工作总结，而还有一部分人可能从事的是项目型（或任务型）的工作，他们则需要在项目实施过程的关键节点上，进行阶段性总结，以及整个项目完成后的整体性总结。

无论什么类型、什么形式的工作总结，其本质都是对一段时间内所做的"事"，以及所取得的"成果"进行梳理、提炼、归纳、分析和评估，而且最终要进行"呈现"，

甚至作为绩效考核的依据。工作总结一方面是自己对过往所做工作进行的回顾，另一方面也是给领导和组织的一个"交代"。

可是，很多职场人士并不重视"工作总结"的撰写，对他们而言，写"工作总结"只是为了完成一个躲不掉的任务，是一个必须走的"过场"，是一种形式主义的体现。所以，很多人被动地、消极地对待"工作总结"，用记"流水账"的形式应付了事。

根据我们的在线调查，消极对待工作总结的人，一方面是态度的原因，确实没有意识到工作总结的重要性；另一方面则是能力的问题，想好好写却苦于缺乏好的写作方法和技巧。很多人的工作总结都是"任务清单式"——一条条地罗列出自己的工作事项，毫无意义地堆砌着文字，最后艰难地完成一份让领导看了头疼的工作总结。

如何让自己的"工作总结"更有价值？先来看一个真实的案例。

在某年春节前的一个深夜，笔者接到客户王老板的求助电话。原来，王老板第二天一大早就要进行年终述职，而且还是第一个上台。王老板想请笔者帮忙调整一下述职报告。这个忙得帮，于是笔者从头开始，一页一页地对王老板的报告进行梳理。第二天中午，王老板非常兴奋地给笔者打电话，说今天的述职非常成功！原来，王老板的领导给予他很高的评价。领导说，看王老板之前的述职报告，觉得他是一位踏踏实实、勤勤恳恳完成任务的经理人。可是听完今天的述职，对他的认知一下就改变了，领导认为王老板是一位有思想、有高度的"高级职业经理人"。

看到这里，您还认为"工作总结"是一种毫无意义的"形式"吗？它足以改变他人对你职业形象的认知！

究竟发生了什么，让王老板的领导对他的评价产生了如此大的变化？

王老板是做培训管理工作的，他的述职报告分为两大部分，两部分的标题分别是"今年培训工作总结"和"明年培训工作展望"。这是大多数职场人士写工作总结的方式，今年的总结和明年的计划，看起来没什么大问题。但笔者建议王老板对标题进行修改，改成什么样子呢？让坐在下面看他述职的领导听到标题就能知道他想表达的重点。经过一番思考，王老板最终将标题改为"今年打造了具有生命力的培训项目"和"明年计划打造支持业务发展的培训体系"。

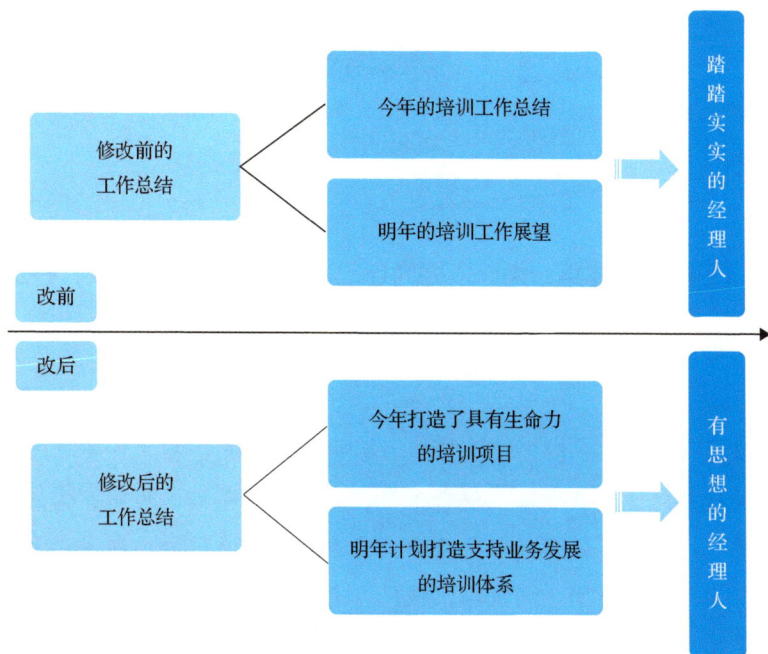

大家可以体会一下标题的变化带来的感官上的差异：修改前的标题"言之无物"，毫无意义；修改后的标题则显得铿锵有力，掷地有声。为什么修改后的标题更好？其一，修改后的标题是"结论"，让人一目了然的结论；其二，修改后的标题有 Point，这个 Point 既体现了王老板的核心思想，也表明了他想表达的重点所在；其三，王老板通过这个标题明确地让听众感受到，他的工作思路是非常清晰的，他十分清楚自己在做什么，以及想做什么。这就是领导所说的"有思想、有高度"！

当然，让领导对王老板竖起大拇指的并不仅仅是因为这一处修改。"魔鬼在细节"，正是因为笔者对王老板述职报告各个细节的用心雕琢，帮助他最终呈现出高度结构化的"工作总结"，才有了来自领导的赞许。

因此，能否写出一份有思想、有高度的工作总结，对于个人职业发展而言还是非常重要的。一份好的"工作总结"不只是一段时间内所有工作内容的简单汇总，也是对个人职业素养的充分体现，更是对自身工作理念和态度的展示。

"工作总结"到底如何写才能不流于平庸，才能更充分体现自身的价值？

在长期为企业提供培训和辅导的实践中，我们提炼出一套简单易行、快速有效的工作总结写作方法，即下图的三个步骤。只需三步，就能快速梳理自己的工作内容，提炼出"有高度"的工作成果和业绩，并充分地呈现出来。

STEP-1 成果分类	→	STEP-2 排序整理	→	STEP-3 概括总结
发掘为自己加分的关键工作成果，并进行分类		让工作总结清晰、一目了然		将自己的工作业绩写出高度

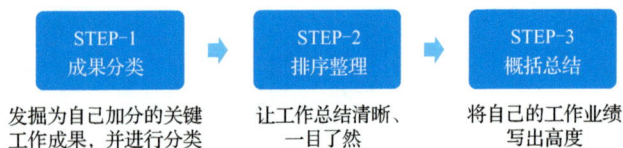

STEP-1　成果分类：发掘为自己加分的关键工作成果，并进行分类

WHY：受众关注的是工作成果

老蒋是 H 公司的一名中层管理者。年中了，老板要求中高层管理人员对上半年工作进行总结，并在会议上进行汇报。老蒋这半年来工作颇有心得，很快就洋洋洒洒写了一大篇。他罗列了主要的工作事项，并做了详细描述，希望老板看到他半年时间干了多少事。所有人汇报完，老板开始发言。老板说，有的管理者看起来做了很多事，但看不到工作成果。虽然老板没有点名，但老蒋总觉得是在说自己……

老蒋碰到的问题并非个例，而是职场人士在工作总结的写作中常常出现的问题。大家心里仿佛隐隐地有一个公式：工作总结 = 总结工作。而总结工作又被等同于工作"内容"的堆砌。此时，大家往往不吝笔墨，拼命粉饰自己的辛劳与勤恳，只为让领导看到自己多么不容易。

关于"工作总结"，百度百科是这样定义的：

当工作进行到一定阶段或告一段落时，需要回过头来对所做的工作认真地分析研究一下，肯定成绩，找出问题，归纳出经验教训，提高认识，明确方向，以便进一步做好工作，并把这些用文字表述出来，就叫作工作总结。总结的写作过程，既是对自身社会实践活动的回顾过程，又是人们思想认识提高的过程。通过总结，人们可以把零散的、肤浅的感性认识上升为系统、深刻的理性认识，从而得出科学的结论，以便改正缺点，吸取经验教训，使今后的工作少走弯路，多出成果。

这个定义非常全面，但主要还是从个人的角度在解释。对于个人成长而言，总结不是最终目的，持续改进和不断提高才是写工作总结的终极目标。可是从组织和领导的角度出发，他们为什么要看你的工作总结呢？其实很简单，领导要评估，组织要考核，他们更加关注的是你最终实现的业绩，是付出时间、精力，甚至金钱之后的成果产出。除了极少数特殊情况外，绝大多数企业的绩效考核还是"成果导向"的。

因此，工作总结要展示的不只是你做了什么，更重要的是你做了这些事之后取得了哪些实实在在的成果。而很多时候，前者甚至可以直接忽略不提。

所以，我们要跳出原来的那个误区，重新建立一个更加恰当的公式：**工作总结 = 总结工作成果**。

其实，之前的那个公式**"工作总结 = 总结工作"**之所以存在，是因为其中隐藏了一个前提假设：我干的活儿越多，表现越勤奋，我就越能得到同事的认可和领导的赏识。抱着这种想法的人，不仅工作总结写不好，在日常工作中也很容易陷入"低水平勤奋"的泥潭：只知道埋头做事，而忽视了抬头看路。

当我们在工作总结中乐此不疲地描述着工作细节的时候，别忘了问自己一句"然后呢？"。我干了很多事，然后呢？我很辛苦，很勤奋，然后呢？如果没有"然后"，那就真的需要好好反思一下自己的工作方法了。

前面那位王老板之所以受到领导的赞赏，就是因为他对"然后呢？"这个问题的答案了然于心。无论是规划性的工作还是事务性的琐事儿，我都做了很多，但我的目的都是为了打造一个具有生命力的培训项目，而我最终也实现了这一目标。这就是我的工作成果。

WHAT：提炼并整理自己的工作成果

1. 首先梳理出成果

史蒂芬·柯维"高效能人士的七个习惯"中的第二个习惯是"以终为始"。它告诉我们做事要紧盯目标，这一点不仅在常规工作中适用，写工作总结时同样可以遵循。对于工作总结的写作而言，"终"是什么呢？前面已经讨论过，那就是清晰明确地向他人展示自己的工作成果。如果工作总结的写作能紧密围绕这个"终"展开，那么，你的总结将会显得更加聚焦和重点突出。

究竟如何才能更有效地对自己过往的工作进行梳理？如何才能简洁、清晰而有条理地呈现出自己的汗水和成果？我们设计了一个小工具——"行动—成果"表，如下所示，用于列出过往最主要的工作内容和举措，及其对应的成果或影响。

行　动	成果／目的

　　"行动—成果"表的构成非常简单，一列是"行动"，一列是"成果"或"目的"。当我们对自己的工作进行梳理时，在"行动"列填入主要的工作事项（或任务项），即"我做了什么"；在"成果／目的"列填入相应的"成果"，即"做完前面这件事我取得了什么成果"。

　　为什么还有一个"目的"呢？主要是考虑到阶段性工作的特点，以及那些不能很快见成效的工作。例如，一个项目做到一半了，需要进行阶段总结。可能有些事项还在进行中，尚未完成，暂时没有成果产出。或者制定了某个新的制度，实施了某个管理技能的培训，需要经过一段时间才能看到成效。这时候，就可以用预期目标来代替成果，也就是说，做这些事期望达到的目的是什么。

2. 到底何为"成果"

　　在我们对职场人士提供辅导的过程中发现，很多人都分不清到底什么才是自己的工作成果，在理解上存在误区，导致最后写出来的工作总结不能深刻地体现自己真正的岗位价值。

　　我们可以从写工作总结这件事上跳出来，先看看整个工作过程是如何进行的：

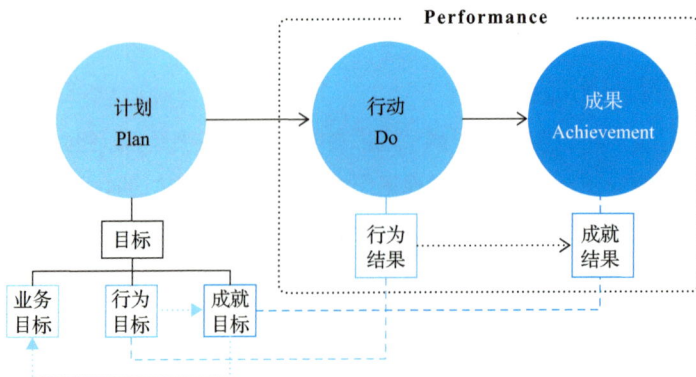

我们可以把工作的流程简化为三个环节：计划（Plan）、行动（Do）和成果（Achievement）。

制订计划可以说是工作流程的初始位置，因为我们首先需要制定明确的目标，才能有方向、有目的地开展工作。当然，计划的主要内容还包括做什么，以及如何做。

目标可以分为三类：业务目标、行为目标、成就目标。

"业务目标"是组织层面关注的重点，它是企业要获得成功必须达到的指标。例如，市场份额百分比、年收入、客户满意度、运营效率、人才流失率及利润率等。"成就目标"是为了实现业务目标，各个岗位需要取得的最终成果、业绩。而"行为目标"则是为了取得成就所采取的行动或做出的行为。

因此，三者的关系是**"行为目标→成就目标→业务目标"**，箭头表示支撑。

完成计划制定后，就会进入实际行动阶段，即根据计划安排采取相应的行动或做出相应的行为，并产出"行为结果"。最后，整个行动结束，工作完成，产出对应的"成就结果"，体现出岗位成就和业绩。

我们常说的"绩效"，实际上就是其中的"行为结果 + 成就结果"。行为是过程指标，成就是结果指标。通俗点说，我们经常听到有人喊"我没有功劳也有苦劳啊"，"功劳"就是成就，"苦劳"就是行为。喊出这句话的意思就是，虽然我没有什么成就，但我做了很多事（行为）。

例如，一名电话销售人员，一天打 80 个电话，这是"行为"；80 个电话里面有 10 个初步意向，10 个里面有 2 个准备签约，这就是"成就"。

再比如，看书学习。一周看了一本书，这是"行为"；看完这本书后学到了里面的方法，这就是"成就"。

不同企业的不同岗位，绩效考核的标准各不相同。结果导向的企业要求拿结果说话，也就是只考核"成就"。有的企业或岗位还要考核"行为"，也就是说，不仅看最后的结果，还要看你的过程有没有按要求进行。但总体来说，岗位成就始终是主要考核对象。

因此，通过"行动—成果"表，我们实际是在推动大家的思考往后延伸，更多地思考自己的"成就"，因为那里才是真正的价值体现。

在具体写的时候，"行为结果"和"成就结果"都可以提炼出来，但重点一定是后者，也就是成就结果。

我们看一个实际案例：

目　　标	行　　动	成　　果
完善招生咨询渠道，提升网推转化率，增加报名人数	用微信为报名学生移动答疑	报名人数较去年同期增长 216%，而在投入减少近 2 万、合作中心接收效率倍减的情况下，今年春季网推报名人数较去年同期增长 11%
增加在读专科生与学院的黏性，提升学习氛围，提高续报转化率	建微信群解答在读学生问题	群内学习氛围活跃。今年春季专科毕业续读本科学生人数较往年增长显著。2016 年到 2017 年（2017 年仅有半年的数据）的增长率是 70%
低成本推广学院品牌，扩大意向群体规模	通过朋友圈推广学院品牌	多篇文章收获过百点赞、单篇文章发表当日可达数百浏览量
提升合作中心工作效率	通过微信对接合作中心	学生需求无缝对接到合作中心，问题处理时效由 2 个工作日缩减到 10 分钟必有答复

案例中"行动"部分采用的是概括的形式，没有展开。在最后形成正式的工作总结时，可以进一步细化，列举出具体的"行为结果"。

另外，很多人写工作总结（尤其是年度）的时候总是感觉没有足够的素材，不足以支撑起一份丰满而充实的工作总结。要改变这一状况，就需要养成及时高效地记录工作相关信息的习惯。前面提到的"行动—成果"表就是一个可以帮助大家有效做记录的简单工具。在电脑中用 Excel 或 Word 建立起一张空白的表格，随时将主要的工作内容和相应的成果形成文字填入表内。等到需要写总结的时候，就能从容地从表中信手拈来。

3. 为成果分类，让它们更清晰

没内容可写很尴尬，那是不是内容丰富多彩就好呢？固然好，"巧妇难为无米之炊"用在这里也合适。可以试想一下，如果我们的"行动—成果"表列出了几十甚至上百行的信息，看起来会是什么感觉？

当信息很多的时候要如何处理？前面在讲四个核心原则的时候我们就提过了：归类分组。这一原则对于工作总结来说，一方面让写的人厘清自己的思路，另一方面让看的人更容易理解和记忆。

那么如何分类呢？

在结构思考力理论体系中，我们将"分类"分为两种形式：开放式分类和封闭式分类，如下图所示。

- **开放式分类**：根据实际情况，选择相应的标准，将需要表达呈现的信息分为不同的类别。

- **封闭式分类：** 选择人们约定俗成的、通用的以及成熟而稳定的模型（或框架），对信息进行分类，使信息能与模型的要素一一对应。

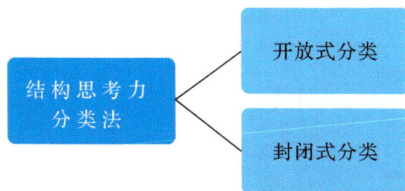

（1）开放式分类

简单地说，"开放式分类"就是我们自己"自由"地选定一个标准，然后依据这个标准进行分类。这里说的"自由"就是没有什么限制，只要分完类以后，信息是清晰的、准确的，符合实际需求即可。

前面我们说过，分类就是按照一定的标准，将对象划分为不同的种类。很多时候，同样的对象，选取的标准不同，分类的结果也会存在很大差异的。对于分类本身而言，每一种分类方式没有好坏对错之分，是否合适还得看实际环境的需求，如下图所示。

按角分类			按边分类		
锐角三角形	钝角三角形	直角三角形	等腰三角形	等边三角形	不等边三角形

开放式分类虽然在标准的选择上是"自由"的，但这种自由也是相对而言的，因为无论选取哪一个标准，最后分类的结果一定是要遵循 MECE 原则。

何为 MECE 原则？它是麦肯锡的第一位女性咨询顾问巴巴拉·明托在《金字塔原理》一书中提出的一个很重要的原则。

MECE 由 Mutually Exclusive Collectively Exhaustive 四个单词的首字母组成，意思是"相互独立，完全穷尽"。"相互独立"要求同一分类中的各个信息之间是相互排斥的，也就是说，信息之间不能出现重叠。"完全穷尽"则是一个相对概念，在金字塔结构的一个信息组中，相对于上一层的"结论"，其对应下一层的那些信息必须是完全穷尽的，也就是说不能有所遗漏（当然，也不能超越上一层的范畴）。

以上面三角形的分类为例。

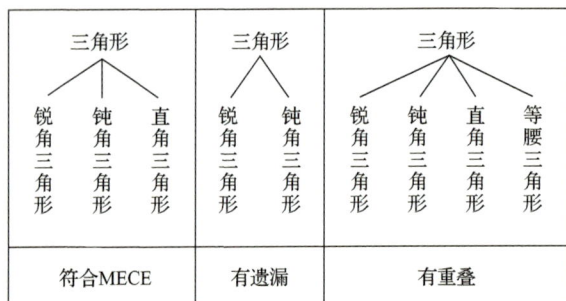

三角形 锐角三角形 钝角三角形 直角三角形	三角形 锐角三角形 钝角三角形	三角形 锐角三角形 钝角三角形 直角三角形 等腰三角形
符合MECE	有遗漏	有重叠

MECE 原则看似简单，但要真正践行并落到实处还是不容易做到的。明托女士是从咨询顾问的角度提出的要求，因为如果缺少这一原则的指引，咨询工作就不可避免地陷入混乱。那么对于普通的职场人士来说，要非常彻底地贯彻 MECE 原则是需要花费时间和精力的。

我们对前面那张"行动—成果"表采用开放式分类：

开放式分类	行动	成果／目的
人工成本	严格管控工资总额及人工成本	本年人工成本预算执行情况良好
绩效考核	修订了《绩效考核管理办法》	推进全员绩效管理
	完善了考核指标体系及岗位系数	加强绩效考核力度
人才引进	大力实施"引智"高端人才引进工程	成功引进 ×× 大学李博士到公司挂职服务
	向集团申报海外高层次人才及紧缺人才需求	加快海外高层次人才及紧缺人才的引进工作
劳动关系	进行用工管理检查	清理了长期不在岗人员共 ×× 人
奖惩机制	制订了公司《员工奖惩管理办法》	明确奖惩的标准和程序
培训	举办人力资源管理实务培训	充分利用外部资源开展培训
	开展内部培训师评选工作	推荐报送了内部培训师人选及评选资料
	组织开发了《×× 实用工艺技术》培训教材	已纳入集团公司大规模培训教材体系

（2）封闭式分类

所谓封闭式分类，就是直接套用那些人们耳熟能详的模型、框架，是一种"拿来主义"。例如，日常工作中常用的 5W1H、SWOT；市场营销中常用的 4P、4C；质量管理中的

"人机料法环"、PDCA；等等，这些工具模型是一种稳定的思维框架，究其本质也为我们提供了一种成熟的分类方式。得益于这些模型，我们只需要将那些待整理的信息与模型的构成要素进行一一对应，就能完成一次清晰的分类。

另一方面，这些模型（框架）是为人们所熟知并且认可的，经过了大量实践的检验。调用它们对自己想要传递的信息进行分类，更容易被对方理解和接受。

例如，如果从事的是生产制造方面的工作，在写工作总结时就可以直接调用"PDCA"模型，分别从计划、执行、检查和处理四个方面着手。如果从事的是战略分析方面的工作，则可以调用波士顿矩阵、波特五力和 PEST 等模型。

我们继续对前面的例子按照"封闭式分类"的方式进行分类：

封闭式分类	开放式分类	行动	成果／目的
选	人才引进	大力实施高端人才引进工程	成功引进大学博士挂职
		申报海外高层次及紧缺人才需求	加快人才引进工作
育	培训	举办人力资源管理实务培训	充分利用外部资源开展培训
		开展内训师评选工作	推荐报送内训师人选及资料
		组织开发培训教材	纳入集团大规模培训教材体系
用	人工成本	严控工资总额及人工成本	预算执行良好
	绩效考核	修订绩效管理办法	推进全员绩效考核
		完善考核指标体系	加强绩效考核力度
	劳动关系	进行用工管理检查	清理长期不在岗人员
留	奖惩机制	制订员工奖惩管理办法	提高工作效益和经济效益

这里的封闭式分类，实际上是借用了人力资源管理领域常用的"选、育、用、留"框架。通过这样的分类，一下子就把看起来多而杂乱的信息划分得清清楚楚，不仅有助于自己对信息的梳理，也能让读者一目了然。

（3）开放式分类与封闭式分类

说完"封闭式分类"，我们回头再看"开放式分类"，开放式分类何尝不是一个自己构建"模型"的过程呢？我们在封闭式分类中调用的那些模型，最开始也是源自于开放式分类的实践。只因那些模型的"发布"者们一般都是某个专业领域的专家，他们提炼出来的模型更具有坚实的理论基础，更经受得住广泛实践的检验。

因此，无论是自己构建的"开放式分类"，还是拿来主义的"封闭式分类"，其本质都是在建立一种结构化、框架性的思维方式。在许多现实环境下，这种思维方式一方面有利于对自己的思路进行有条理的梳理，另一方面也有助于清晰而高效地沟通表达。

两种分类形式在生活和工作中随处可见，如下图的例子。这是我们在线训练营一位学员提交的个人年度总结。他从"职业、生活、学习"三个方面对自己过去的一年进行了总结，通过"厚积薄发、刚刚启蒙、高速前进"形成高度的概括，最后精简为"厚、启、进"三个字，也形成了自己的一个"模型"。

HOW：他山之石，可以攻玉

"行动—成果"案例

案例 1

行　动	成果 / 目的
修订了《外部安全管理实施细则》	规范了周边环境安全管理
完善了《防断措施》	规范了防断流程
完善了《防洪抢险预案》	顺利度过汛期
积极开展"再检查、再发函、再告知"的"三再"活动	加大了周边环境安全管控
加强对薄弱设备专项整治	线路设备质量得到有效提升

续表

行　动	成果／目的
完成了军粮站差异沉降整治	设备恢复到设计标准要求
成立了"大数据"监控分析室和车间数据分析小组	初步实现设备的状态修、预防修
召开维修现场会	探索和改进作业方法和维修手段
全段范围内广泛开展修旧利废	节省开支 15 万元
发动了全员全领域创新	取得科技成果 7 项
开展"生产大讲堂"	职工素质得到提高
开展"冬季大培训"	干部职工得到了锻炼和加强
修建演练场及电教室	丰富了职工教育手段

解析：

本案例做得非常好的一点是，使用了明显的关键词，如"规范了""加大了""得到""恢复到""初步实现""取得"等，这些词都在告诉读者——看，这些都是我的成果。另外就是准确的数据，如"15 万""7 项"等。很多职场人士在写工作成果时显得很"内敛"，表达起来羞羞答答、遮遮掩掩，最后写出来显得模棱两可，缺乏力度和可信度。因此，在描述成果的时候务必做到清晰、明确，并尽量使用数据说话。

本案例存在的问题是，有的成果在描述上很模糊，如"加大""初步实现""有效提升"等。读者可能会心生疑问，加到多大？何为初步？怎样才算有效？提升了多少？其实很多人习惯于使用这种似是而非的词语，包括"基本上""大概"，我们要尽量避免用这样的词汇描述工作成果。

案例 2

行　动	成果／目的
参加读书会（此读书会以商业书单为主），并执行每日任务	3 月份一个月读书 13 本，养成早起、每日读书和每日记笔记的好习惯；学会一点快速阅读的方法，大大提升了读书效率；学会写读书笔记及思考作者的行文脉络，让自己读书更有效，能够吸收更多知识
参加"开跑"训练营并执行每日任务	学会跑步的基础知识，避免造成运动损伤；养成每日运动的习惯，身体素质不断提升
参加"开跑"瘦身营并执行每日任务	18 天降体重 6 斤，并养成正确的饮食习惯

续表

行　动	成果／目的
订阅"得到 APP"万维钢／李笑来／薛兆丰专栏并每天执行听读写任务	掌握了更多的概念，提升了自己的认知，锻炼了自己独立思考的能力
参加《结构思考力》的"七天体验营"及《善写》课程	让自己的思考更有效，表达更有力
精做《结构思考力》读书笔记并将该方法用于年初述职	虽然前期吸收的不多，但是简单地运用了方法后，2 月份年初述职效果很好，得到大家的一致认可，工作开展更加顺利
将读书会及《结构思考力》课程所学知识用于日常工作实践中	思路更加清晰，工作绩效明显提升，团队氛围越来越好
带动家人一起读书和运动	家庭关系越来越融洽，正能量满满

　　本案例实际上是对生活、学习及工作三方面做的总结。行动描述得非常干脆利落，很清晰。但成果的描述就显得拖泥带水了。可以看出为了尽可能多地体现成果，造成最后写出来的状态：一是字数偏多；二是不精炼，重点不突出，是信息的堆砌；三是成果显得偏"虚"。

　　很多人在写成果的时候喜欢说"正确的废话""套话"，除了少数特殊情况外，这样写成果总结是没有实际意义的。从本案例的"行动"来看，是非常有"料"的，相信对生活、学习和工作都产生了很大的影响。而如何将这些影响描述得更加"实在"则是需要思考的问题。读者朋友也可以思考一下，如果是你，你会怎么描述成果？

　　另外，如果一项行动产生了多个或多方面的成果，那么，可以采用以下这种方式：

　　成果 1：……，或 A 方面成果：……

　　成果 2：……，或 B 方面成果：……

　　成果 3：……，或 C 方面成果：……

　　这样，在梳理成果的时候就不是漫无边际地随意罗列信息，而是思路清晰，并且带着明确的目的提炼工作成果。这样的方式也有利于下一步的总结概括。

案例 3

　　这个案例我们先看它修改前后的对比。

修改前：

行　动	成果／目的
审核土建标上年度设计变更	完成资料审核
解决土建标复工前发现的问题	组织四家现场踏勘形成纪要
绿化标进场前准备	监理已批复开工
机电标进场前准备	完成机电标与土建标的衔接工程

修改后：

行　动	成果／目的
审核土建标上年度设计变更	已对工程立项变更和设计变更的工程量和费用进行了审核，完成了设计变更审核工作的 90%
解决土建标复工前发现的问题	在 20 个问题中，彻底解决了 17 个问题，剩余 3 个问题待土建标按要求测量后再行解决
协调绿化标做进场前准备	绿化标已具备 100% 进场条件
协调机电标做进场前准备	机电标已具备 80% 的进场条件

解析：

相信通过前后对比，大家已经看出其中端倪。修改前的"成果"非常不明显，而且与行动没有形成对应。修改后，立刻能从字面上看出与行动之间的强关联，同时使用了具体的数字进行说明。相较之下，修改后的成果跃然纸上，清晰可见。

"成果分类"案例

案例 4

方　面	行动／举措	成果／影响／目的
创业支持	发放创业补贴券	给予创业企业资金支持
创业支持	开展创业沙龙活动	促进创业企业交流经验
创业支持	创业基地完善服务	创业企业稳步成长
企业培训	开展企业家培训	提升企业家管理水平
企业培训	开展"公益课堂"培训	提高企业从业者素质
企业培训	开展"创新加速"训练营	系统提高企业创新能力
信息服务	完善网站服务功能	企业服务项目更加全面
信息服务	创建服务公众号	为会员提供更及时服务
信息服务	编发《中小企业》杂志	多渠道宣传服务工作

解析：

这个案例的第一列是各个"方面"，这个"方面"就是在对成果进行初步分类。分类的标准是，它们都在说同一个"方面"的事。整个工作成果总结下来包括"创业支持、企业培训和信息服务"三个方面。也可以说，这段时间主要做了这三类工作。这样，原本看似不相关的工作事项，现在通过不同"线条"将它们串起来，显得更有条理。

案例 5

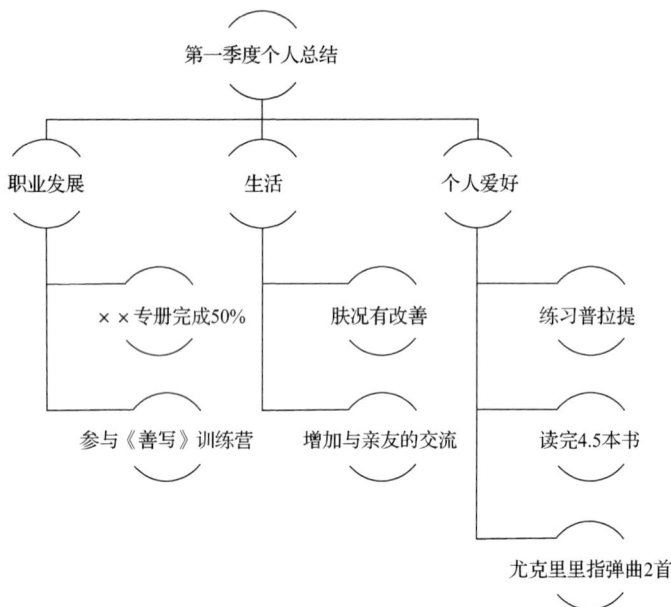

本案例将第一季度个人总结分为三个方面：职业发展、生活及个人爱好。整个分类初看之下貌似很清晰，实际却是经不起"推敲"的。

首先看第二层，"职业发展、生活和个人爱好"放到一个层级不符合人的认知习惯。"职业发展"属于工作方面，"生活"和"个人爱好"都可以归为工作之外个人生活的部分。"个人爱好"单独作为一项分类，并与前两者位于同一层次，显得格格不入。所以，分类不仅仅是把不同信息分隔开，还要考虑到分完类后的整体性。

再看第三层。"参与《善写》训练营"与"职业发展"之间看不出很强的关联，完全可以与"读完 4.5 本书"一起归为通过"学习"实现自我提升。"肤况有改善"和"练习普拉提"都是改善身体状况。"增加与亲友的交流"和"尤克里里指弹曲 2 首"则可归为精神层面。

我们重新分一下类看看：

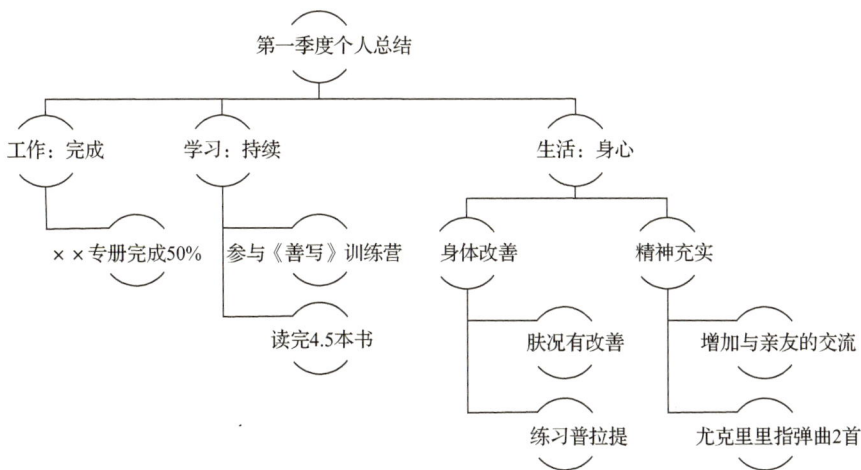

"工作、学习和生活"是人们常常挂在嘴边的"分类"方式,甚至可以作为一种"封闭式"分类的模型使用。"生活"进一步分为"身体"和"精神",后面概括的时候可以说"身心"如何。这样分类更偏向于"成果"导向,更容易让读者快速抓住核心点。

分类是每个层次上都需要进行深入思考的问题,要做到既满足清晰合理的要求,又符合人们的认知习惯,其实不太容易。好的分类需要我们对手头的信息有深入的理解,并仔细挖掘其中隐藏的关系。

案例6

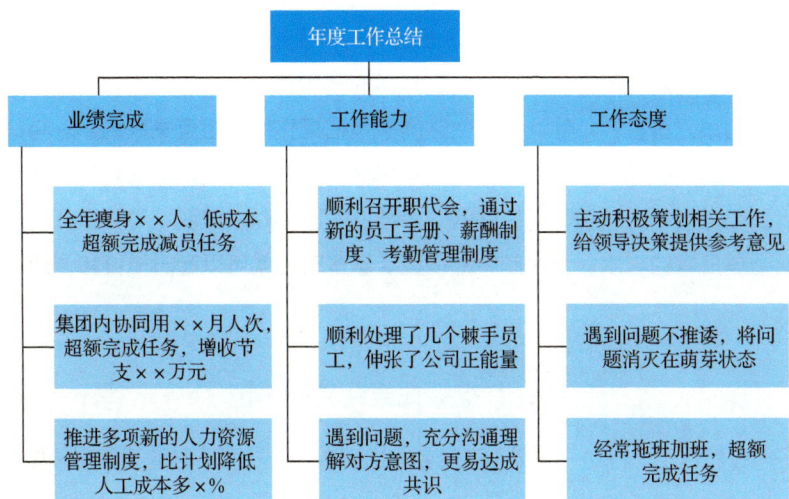

解析：

这里第二层的分类存在与"案例5"相同的问题。"业绩"是完成公司的目标，而"工作能力"与"工作态度"则说的是个人成长，两者显然可以归为一类，并且不适宜与"业绩"处于同一层级。另外，为了使个人成长方面显得更加"完整"，可以再补充一项"知识"。这样，知识、技能和态度三者即可构成人们常说的如下 ASK 模型。

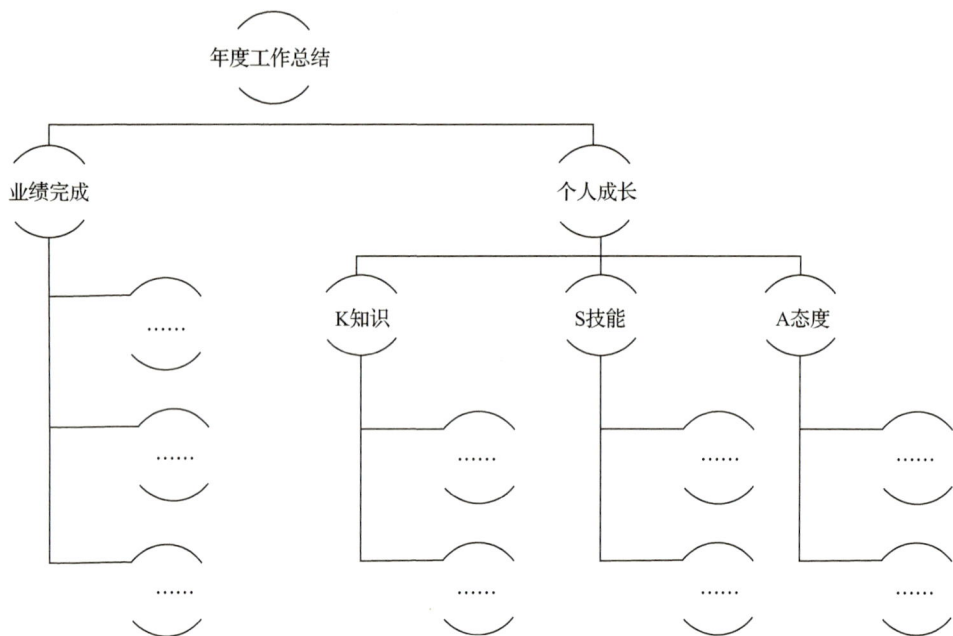

说到这里，就不得不提到一个人——巴菲特的黄金拍档、完美合伙人——查理·芒格。此处我们不说他创造的财富，而是他创造财富的背后支撑——思维模型。芒格实际上在用一种系统的眼光看世界，他认为事物之间都是相互作用、相互关联的。只有把那些零散的信息、知识组织起来，并整合为一个思想框架，才能形成正确的判断，从而做出更好的决策。其实这种方式就是一种"模型"思维，模型从哪里来呢？一方面可以自己创建；另一方面则是日常的积累。当大脑中的模型足够多时，就可以随时借鉴和调用，应用于各种情景。

Tips：挖掘成果背后的价值

很多人在使用了"行动—成果"表后会发出感叹，一方面平时的工作记录更像是"流水账"，只是停留在表面的"行为"；另一方面，看似辛苦忙碌的工作并没有体现出多大的价值。

因此，除了梳理信息，"行动一成果"表更重要的意义在于，它是一个"思考"工具。

通过这个工具，你不仅要想到"做了什么"，更要思考做了这些事之后，工作取得了哪些实质性的成效？个人能力得到了怎样的提升？岗位价值从何处得以体现？如果回答不出来这些问题，或者答案不能令自己满意，那就需要认真反思一下自己的工作方法，甚至职业方向的选择。

IF：深度学习离不开独立思考

问题 1：在与本环节内容相关的方面，您进行实际写作时是否存在困惑？有哪些困惑？

问题 2：本小节主要讲了哪些核心内容？请使用您自己的语言进行概括。

问题 3：看完本小节的内容，您有什么样的感受？

问题 4：对于作者的观点，哪些讲得好，哪些讲得不好？不好的部分您觉得应该如何讲更好？

问题 5：在您的实际工作中，您是如何处理类似场景下遇到的问题？

问题 6：您觉得本小节的方法可以如何应用到您的实际工作（或学习）中？

STEP-2　排序整理：让工作总结清晰、一目了然

WHY：信息除了分类还要排序

通过第一步成果分类，我们将工作内容和成果进行了罗列和挖掘，并且通过开放式分类和封闭式分类做了进一步的处理。分类只是对信息进行划分，将属于同一范畴的信息分为同一组，使不同类别的信息之间形成清晰的边界，从而让读者看得更清楚，更容易理解。

分类对信息本身是没有影响的，信息不会因为分类被无故删减。在四个核心原则的部分我们就讨论过，当信息很多的时候，仅有归类分组是不够的，还要进行逻辑排序。

在实际应用中，分类和排序往往是密不可分的。不仅沟通表达中对信息的处理如此，其他很多情况下都会涉及分类和排序。

79

比如，大家熟知的"时间管理矩阵"，通过它我们将每天有待处理的那些纷繁复杂的工作事项，按照重要性和紧迫程度一分为四，然后按照一定的顺序依次完成，从而提高工作效率，如下图所示。

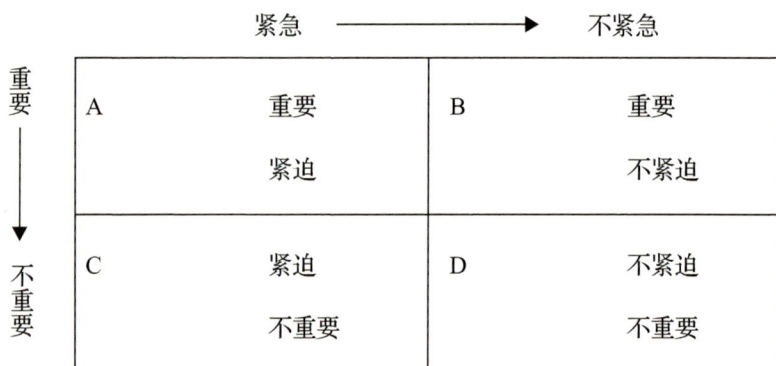

	紧急 ——————————▶ 不紧急	
重 要 ▼ 不 重 要	A　　重要 　　　紧迫	B　　重要 　　　不紧迫
	C　　紧迫 　　　不重要	D　　不紧迫 　　　不重要

职场人士的能力差异也往往体现在这个环节，职业化程度越高越是"深谙此道"。当领到工作任务以后，"老司机"会首先对任务进行分解，然后用时间管理矩阵分类，最后按顺序完成，往往能又快又高质量地完成任务。而"菜鸟"则总是处于一片慌乱的状态，尤其在遇到有时间限制的情况时，常常慌不择路。

回到写工作总结上。读者在看你的工作"成绩"时，一定是从前往后按照先后顺序看的，所以，我们在写工作总结的时候，把哪些信息放在前面，哪些信息放到后面，这就涉及表达顺序的安排，是需要在写作时思考的问题。

WHAT：用三种顺序对工作成果进行整理

1. 不同的顺序呈现同样的内容

我们继续使用"四个核心原则"中 HR 李的例子。在四个核心原则的指导下，HR 李的回复已经非常清晰。实际上，基于不同的考虑，还可以有多种表达形式。

（1）形式 A

HR 李觉得不能"一口吃成个胖子"，问题需要一步一步地解决。于是他制定了三个步骤，如下图所示。第一步，先对问题做深入了解和查找原因；第二步，既然对英语要求高，那就先安排英文的培训，突击提升员工的英语水平；第三步，要深层次解决问题，还是要从机制着手。

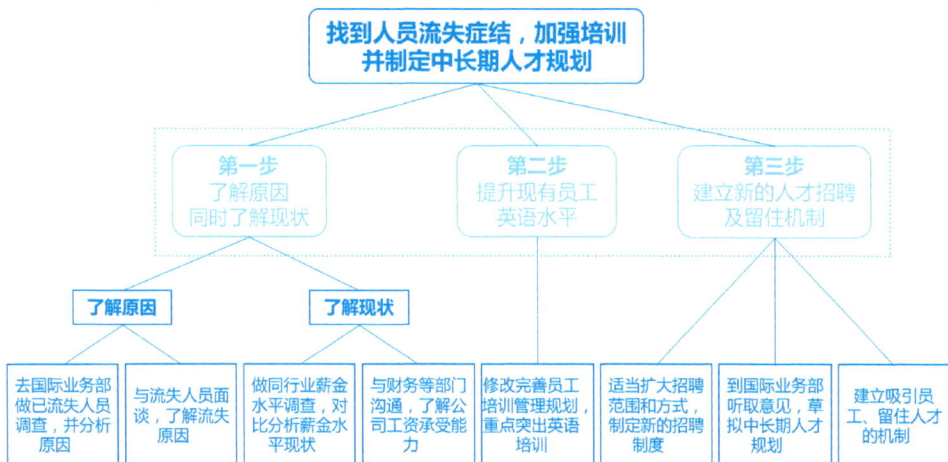

（2）形式 B

HR 李经过仔细分析，发现国际业务部目前存在的问题其实可以分解为三个小问题：招聘难度大、员工能力不足和人才流失率高，于是他针对这三个问题分别制定了解决方案，如下图所示。HR 李这一招叫"分而治之，各个击破"。

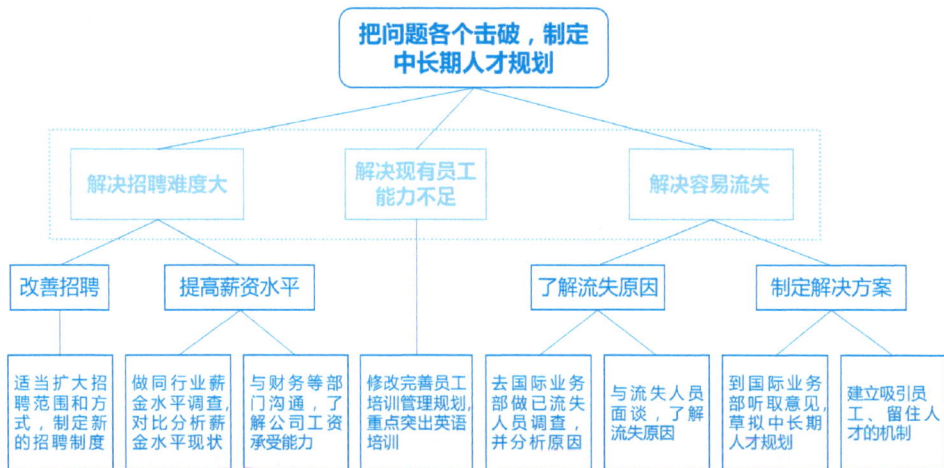

（3）形式 C

HR 李非常善于系统地解决问题，他觉得针对目前的情况，应该采取标本兼治的手段。考虑到重要性和紧迫度，他决定先"治标"，再"治本"：先帮国际业务部把合格的人招到，如下图所示。因为人员不足将直接影响公司业务，最重要的是先将合格的人员输送到岗位，及时承担起相应的工作。再从根本上了解现状、查找原因并制定解决方案。

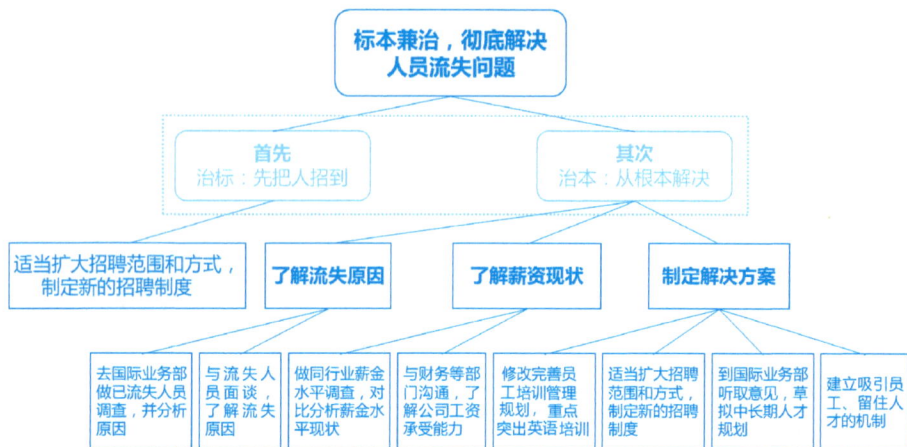

```
                    标本兼治，彻底解决
                      人员流失问题

          首先                        其次
        治标：先把人招到              治本：从根本解决

  适当扩大招聘范围和方式，   了解流失原因    了解薪资现状    制定解决方案
      制定新的招聘制度

  去国际  与流失人  做同行业  与财务等部  修改完善员  适当扩大招聘  到国际业务部  建立吸引员
  业务部  员面谈，  薪金水  门沟通，了  工培训管理  范围和方式，  听取意见，草  工、留住人
  做已流失  了解流失  平调查，对  解公司工资  规划，重点  制定新的招聘  拟中长期人才  才的机制
  人员调  原因    比分析薪金水  承受能力  突出英语培训  制度      规划
  查，并分析          平现状
  原因
```

可以看出，针对同样的内容，实际需求不同，表达形式也会随之变化（但无论怎么变化，表达出来都要清晰、准确和高效，都要符合四个核心原则）。变化主要体现在第二层，它们其实正好对应了我们平时常见的三种顺序。

形式 A：时间顺序。

形式 B：结构顺序。

形式 C：重要顺序。

2. 三种顺序的背后是思维的整理

这三种顺序（见下图）是我们在日常工作中进行沟通表达时最常用的。工作总结的写作同样适用，根据表达内容的特点以及实际环境需要，选择最合适的顺序对自己的工作总结进行整理。

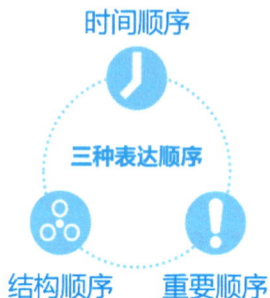

```
                    时间顺序


               三种表达顺序


        结构顺序        重要顺序
```

（1）时间顺序

按照事情发生的先后进行排列即为时间顺序。以时间顺序展开的工作总结都是由远及近。例如，年度工作总结，从年初写到年尾；某个项目的工作总结，则按照项目的前期、中期和后期展开；产品开发的工作总结，可能分为阶段一、阶段二和阶段三。总之，时间顺序是能从时间的维度分出先后关系的顺序。

（2）结构顺序

结构顺序体现的是组成整体之部分，或者构成某个系统的要素之间的关系。这些部分或要素之间往往是平行并列的关系。划分为部分的整体可以是实物，也可以是虚拟的概念。例如，前面的形式 B 就是把一个大的"问题"分解为三个小问题。还有大家熟知的"庖丁解牛"，一头看得见、摸得着的牛被分解成各个"零部件"。

纵然从整体拆解（要符合 MECE 原则）而成的"部分"之间是并列关系，但在表达时仍然要按照某一原则对这些"部分"进行排序。可以想象一下，如果让你用"画图"的方式向读者展示这些部分，你会采用什么样的顺序？这个时候，就要选择一个合适的排序原则。

排序原则的选择没有定式，如何选择取决于实际环境的需求和表达目的。同样的对象，表达的重点不同，采取的顺序也就不同。

例如，同样是笔记本电脑的功能和配置，如果是"游戏本"，那商家在宣传时多半会先说显卡如何强大，然后是处理器如何快，接着是散热如何有效；那如果是"商务本"，就会先说"重量"和"厚度"如何轻薄，然后是屏幕如何高清，接着是运行速度如何快等。

（3）重要顺序

重要顺序就容易理解了，按事物轻重缓急的程度进行排列。一般会用到"首要工作是……，其次……，最后……"这样的表达方式。重要顺序的使用能让你的表达重点突出、主次分明。

在应用这三种顺序时需要注意的是，每一个分支中相同的层级，只能选择同一种排序方式，否则容易产生交叉重复的情形。如上面的案例中，第一层是时间顺序，第二层可以使用时间顺序，也可以使用结构顺序，第三层同理，但是不能在同一层级中，前几条使用时间顺序，后面的几条使用结构顺序或重要顺序。

HOW：他山之石，可以攻玉

案例 1

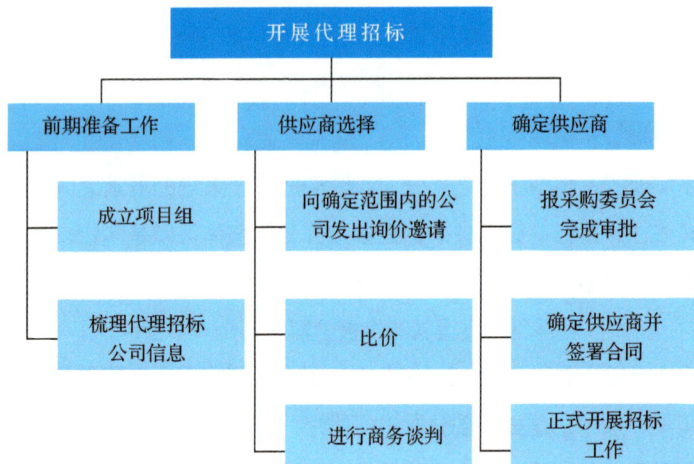

解析：

第二层的顺序是典型的"前、中、后"时间顺序，问题在于"队形"不整齐，没有关键词和统一格式。第三层也是采用的时间顺序，但都缺少关键词向读者"明示"，读者只有全部看一遍才知道这是时间顺序。实际应用时，适当地使用揭示信息之间关系的关键词是必不可少的。

案例 2

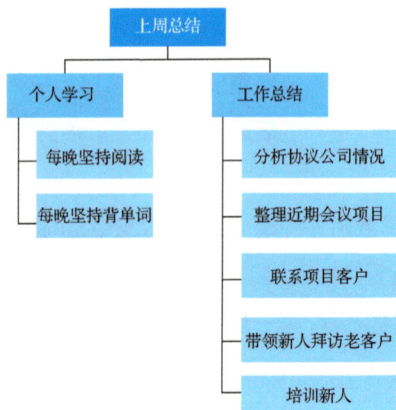

解析：

这个案例看起来简单，但其中存在的问题非常具有代表性。重点看"工作总结"下面的五项。这五点之间是什么关系？是按照什么顺序排列的？能不能做进一步的分类？关于处理信息有一个小技巧：只要信息达到及超过 3 项，首先就要考虑"分类"和"排序"的问题。比如这个案例，就这样"简单粗暴"地罗列出 5 项信息，就是典型的把"思考"的活儿扔给读者的行为，实际上，这也是对自己的工作缺乏系统思考的表现。

案例 3

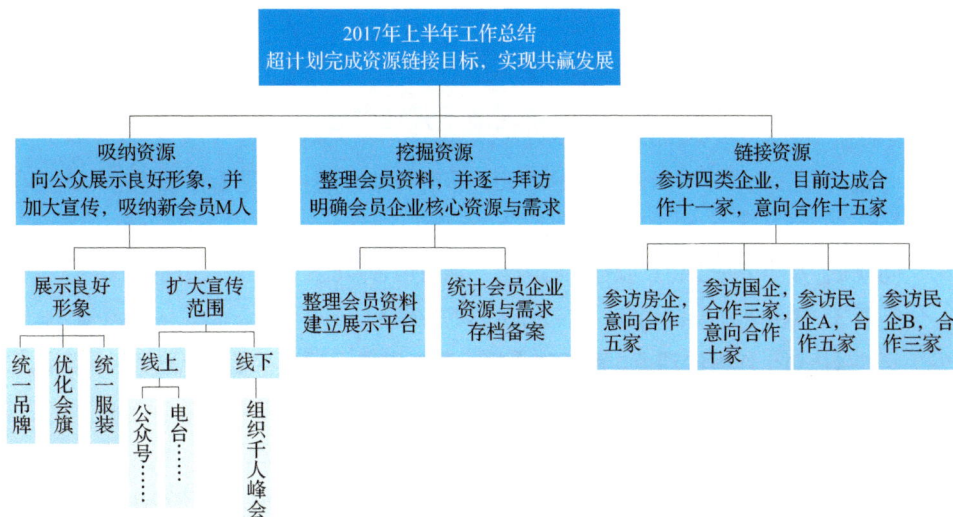

解析：

"吸纳资源、挖掘资源、链接资源"，非常好的"包装"，体现出一种层层递进的关系，属于流程（时间）顺序。如果能加上关键词效果更佳。同时，在下面对应的详细描述（结论）中最好也体现出这种递进关系。例如可以写成：

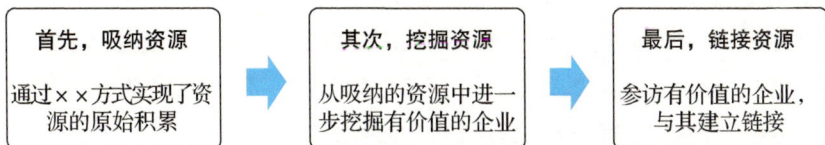

Tips：顺理而有序，和谐而不紊乱

很多人在写作时经常忽视对"顺序"的思考，而"顺序"恰恰是横向关系的重要体现。恰当准确的顺序能最直接地体现出信息之间的逻辑关系，而缺乏顺序或使用不恰当的顺序，则难以让读者理解内容，甚至产生误解。

另外，时间顺序、结构顺序及重要顺序这三种顺序体现的是处于"并列"关系的信息之间的关联。还有一种情况，信息之间存在明显的因果论证关系，例如"现象/问题—原因—解决方案"，这种顺序我们称之为逻辑顺序，在后面的内容中会讲到。

总之，无论哪种顺序，其本质都是要求我们关注事物的内在联系，并在表达时体现出来，便于对方的理解。

IF：深度学习离不开独立思考

问题1：在与本环节内容相关的方面，您进行实际写作时是否存在困惑？有哪些困惑？

问题2：本小节主要讲了哪些核心内容？请使用您自己的语言进行概括。

问题3：看完本小节的内容，您有什么样的感受？

问题4：对于作者的观点，哪些讲得好，哪些讲得不好？不好的部分您觉得应该如何讲更好？

问题5：在您的实际工作中，如何处理类似场景下遇到的问题？

问题6：您觉得本小节的方法如何应用到您的实际工作（或学习）中？

STEP-3 概括总结：将自己的工作业绩写出高度

WHY：工作业绩的高度决定工作总结的优劣

还记得前面那位获得领导"盛赞"的王老板吗？领导夸奖他的关键词是"有思想、有高度""高级"，何谓"有思想、有高度"，怎么就"高级"了？人人都写工作总结，为什么有的人能通过一份总结为自己的职业生涯加分，而有的人却"自毁前途"？

在不考虑态度因素的前提下，那就是能力的问题。

什么能力？概括的能力。

与"分类"一样，"概括"是人类非常基本也是至关重要的思维能力。分类是将具

有共同属性的事物放到一起，而概括要做的，就是将那些共有的本质属性"抽取"出来，并且形成关于这一类事物更为普遍的概念。

我们日常使用"概括"这个词的时候，往往会与"抽象"搭配在一起，称为"抽象概括"。"抽象"拉丁文为 abstractio，它的原意是排除、抽出。可以说没有抽象就不能进行概括。"抽象"就是舍弃那些次要的、非本质的属性，而把主要的、本质的属性提炼抽取出来。抽象本身也是一个概括的过程，因为它就是在不断运用概念、判断和推理的方式来间接地概括客观事物的特征。先从事物的特征属性中抽取出相关的"概念"，然后再对它们进行加工。

概括也是科学发现的重要方法。概括将人们对较小范围的认知上升到更大范围的认知，从某一个领域的认知推广到另一个领域的认知。德国著名哲学家赖欣巴哈甚至表示"发现的艺术就是正确概括的艺术"。

还记得前面我们提到的 SOLO 分类评价法吗？由低到高共五个层次，最高的那一层就叫"抽象拓展 (extended abstract)"。从思维层次的角度看，概括是提升思维水平非常重要的一项能力，这项能力让我们透过表象看到本质，帮助我们将那些零散的信息进行规整，并从中发现规律。

王老板的"今年打造了具有生命力的培训项目"和"明年计划打造支持业务发展的培训体系"，正是他对自己的工作成果和计划进行高度概括的结果，也是他"有思想、有高度"的有力体现。那高级职业经理人的"高级"又从何体现呢？

美国著名的管理学学者罗伯特·卡茨提出，有效的管理者必须具备三种技能：技术技能、人际技能和概念技能，如下图所示。前面两种技能容易理解，什么叫"概念技能"呢？它是指管理者能够对复杂的情况进行分析和诊断、抽象和概念化的技能，是高级职业经理人最迫切需要的技能。

概括能力显然属于概念技能的一部分，因为高级管理者需要透过现象看本质，不能被纷繁复杂的表象所迷惑，而要从复杂的信息中找准问题。因此，王老板的工作总结汇报在体现出他的概括能力之后，领导给予他"高级"的评价。

爱因斯坦说过这样一句话"If you can't explain it simply, you don't understand it well enough"，意思是"如果你不能用简洁的方式解释一件事，那只能说明你自己还没有把它想清楚"。要做到"simply"，背后需要的就是概括能力的支撑。

《论语·为政》中有这么一段"子曰：《诗》三百，一言以蔽之，曰'思无邪'"，意思就是，孔子说："《诗经》三百篇，可以用一句话来概括它，就是'思想纯正'。"

概括的目的一方面是抽取重点、化繁为简；另一方面，也是非常重要的，那就是要通过概括形成"结论"。

关于"结论"，我们在前面"结论先行"的部分已经分析过。在这里，我们实际上可以将它视为一个总括性的名称。在不同的情境下，结论可以是观点、判断、主张和见解等。不管用哪一个词，它们的共性都是要求我们在表达时，要做到态度明确地让对方知道"你到底想说什么"。

英语中有一个单词能够非常形象地表达"结论"的含义，那就是"Point"。当老外听对方说了一大堆却发现自己并没有理解的时候，就会问出一句"What's your point"。

还有，我们工作中必不可少的 PPT，全称是 PowerPoint。很多职场人士在做 PPT 的时候往往是大段文字的堆砌，恨不得直接从 Word 里面复制粘贴。这种做法完全违背了 PPT 的本意。一份好的 PPT，首先，也是最基本的，你得形成清晰明确的 Point；然后，采取一些举措，让你的 Point 更具有 Power。做到这两点，才能真正算得上完成了一个 PPT 的制作。

来看一个案例，下图是 W 公司的职员小孙对"会议效率低下"问题做的总结。可以看到小孙对这些问题进行了很清晰的分类，并且为不同类型的问题做了"命名"。就分类本身而言，他已经做得非常好了。可是，对于最终的表达来说是不够的，因为他现在只能这样向上级领导汇报："会议效率低下，主要是由论点、会议本身、发言者、调度这四个方面的原因引起的。"领导听完依然不知道问题到底出在哪儿，还得追问一句："这些方面都存在哪些问题呢？"小孙进一步回答："论点方面包括话题方向偏离、会议记录没有归纳……；会议本身存在这些问题……；另外还有……"估计领导不容他说完就该不耐烦地打断他了。

论点	会议本身	发言者	调度
会议记录为未归纳内容	会议时间长　类似会议太多	发言者往往是同一个人	无会议室
话题方向偏离　不知道正在讨论什么	报告的形式占用太多时间　大事小事都开会	有人不发言	参会者日程调整困难
与正题相悖的议题讨论活跃　上次会议内容与本次不衔接	拖沓冗长型会议多　手机经常响		全员忙碌日程未决

小孙的问题出在哪儿了呢？他的表达方式我们称之为"没有中心思想的主题句"，简而言之，就是缺少结论。我们也可以说，小孙的概括是不彻底的。

发现问题后，小孙做了如下图所示的修改，然后再次找到领导进行汇报："会议效率低下主要是由四个方面的问题导致的。第一，讨论不扣主题；第二，会议时间长、开会次数过多；第三，发言仅限于少数人；最后，日程和会议室调度困难。"这一次，领导非常满意。

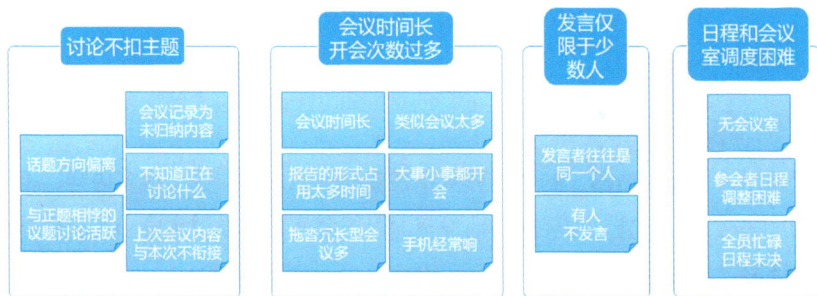

讨论不扣主题	会议时间长开会次数过多	发言仅限于少数人	日程和会议室调度困难
会议记录为未归纳内容	会议时间长　类似会议太多	发言者往往是同一个人	无会议室
话题方向偏离　不知道正在讨论什么	报告的形式占用太多时间　大事小事都开会	有人不发言	参会者日程调整困难
与正题相悖的议题讨论活跃　上次会议内容与本次不衔接	拖沓冗长型会议多　手机经常响		全员忙碌日程未决

所以，概括能力主要体现在两个方面：第一，提炼抽取本质属性的能力；第二，形成明确结论的能力。当一个人具备了一定的概括能力，就能在短时间内将一件复杂的事情用简洁的方式说清楚，让对方快速抓住自己表达的重点。

WHAT：通过信息摘要法和逻辑推论法概括结论

1. 两个有趣的案例

若要工作总结写得"有思想、有高度"，那接下来我们就需要对工作成果进行"概括"了。

前面提到，概括包括两个方面，一是抽取共同的本质属性，二是形成明确的结论。如何才能做到呢？我们先看两个案例。

领导想了解消费者当前的需求，于是让某员工做了一番市场调查，该员工回来告诉领导："现在，消费者的需求可以说五花八门，A 想要龙猫、B 想要仓鼠、C 想要蜥蜴、D 想要兔子、E 想要乌龟。"领导不耐烦地打断他："你能不能简单地告诉我，消费者的需求到底是什么？"员工一脸无辜，心想我都说得那么详细了，还要怎么说他才懂？

领导看出了他的心思，决定引导他思考。领导问道："你想想，消费者需要的这些东西有什么共同点？你概括一下试试。"员工一下子豁然开朗："我知道，消费者需要小动物！"领导接着问："然后呢？他们需要小动物做什么？"员工结合自己的调查补充道："他们想要小动物当宠物养。"如下图所示。

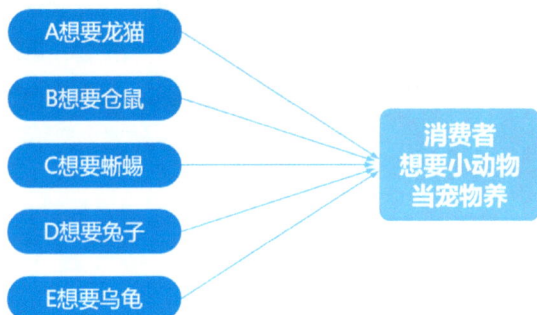

可以看出，上面这位员工的做法其实是在罗列信息。看似说了很多内容，但实际上并不是领导关心的。另外，也暴露出他没有深入思考问题。通过领导一步步引导，他最终说出"结论"。

再看第二个案例。一位律师向客户解释"财产共有"将对他造成的影响："财产共有可能妨碍你订立遗嘱；财产共有可能增加房产税；财产共有可能产生赠与税；财产共有可能使离婚更复杂……"客户听完一头雾水，问道："财产共有到底会对我的生活产生什么影响？"律师顿了顿，意识到自己说得太专业了，于是接着说："简单说来就是一句话，财产共有将使你的家庭受到损害。"

律师说得很详细具体，但客户想要知道的就是自己会受到什么样的影响。其实，对于客户而言，律师所说的每一条都将导致同样的结果，那就是家庭受到损害。所以，最后律师"一言以蔽之"，用一句话概括了所有内容。

2. 信息摘要法和逻辑推论法

这两个案例的相同之处在于，都是用一句话概括了所有内容，让听的人一下子就能明白内容的关键所在。两个案例分别使用了两种总结概括的方法：信息摘要法和逻辑推论法。

- **信息摘要法：** 从多个具体的信息中，提炼抽取出共同的、本质的属性或特征，形成相对抽象的上层信息。第一个案例中的"龙猫、仓鼠、蜥蜴、兔子、乌龟"，它们的共同属性就是"小动物"。

- **逻辑推论法：** 根据多个前提推导出一个明确的判断。其重点在于，这些前提经过进一步的推论，将导向共同的结果和目的。第二个案例中，虽然律师列举了四条不同的信息，但它们都导向同一个结果——将使你的家庭受到损害。如下图所示。

信息摘要法
多个具体的信息整理成
一个抽象的上层信息

抽取共通的属性/特征

逻辑推论法
根据多个前提推导出
一个明确的结论

导向共同的结果/目的

需要特别说明的是，无论使用哪一种方法进行概括，最终都要形成一个清晰而明确的"结论"。

前面的两个案例中，两位信息接收者（领导和客户）在没有理解对方表达的内容时，心里都隐藏了一个问题，那就是"然后呢？""你跟我说了那么多，然后呢？""你想表达的关键点是什么？"

"然后呢？"是一个很好的问题，当对方说话啰嗦而没有重点时，我们就可以问他一句："然后呢？"当然，也要时刻问自己这个问题。当我们不自觉地开始"罗列"信息时，就要问一下自己，如果对方问我"然后呢？""我该如何回答？""我是否能对这些信息进行概括形成结论？"

这是帮助我们自己形成结论的一个小技巧。

在实际工作中，逻辑推论法使用得更多一些，而且这个方法的难度也更大。采用这种方法概括结论，需要更多、更有深度的思考。

一个只是简单罗列信息的工作总结和一个经过高度概括的工作总结，两者之间到底会有怎样的差别？下面，我们还是通过实际案例来感受一下。

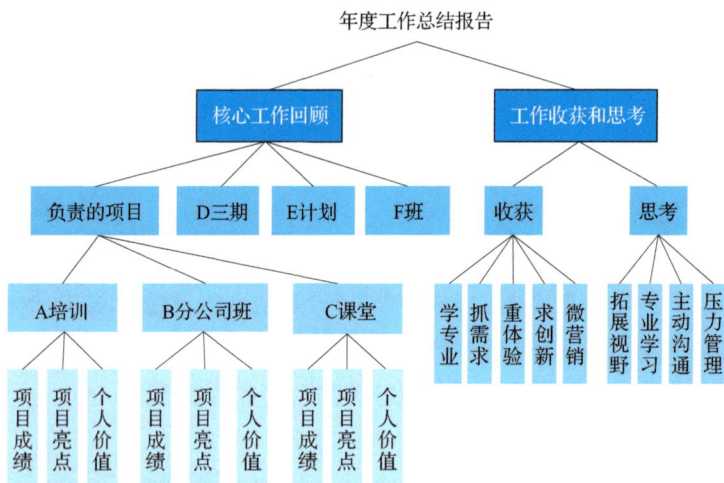

年度工作总结报告

核心工作回顾 | 工作收获和思考

负责的项目　D三期　E计划　F班 | 收获　思考

A培训　B分公司班　C课堂

收获：学专业　抓需求　重体验　求创新　微营销
思考：拓展视野　专业学习　主动沟通　压力管理

A培训：项目成绩　项目亮点　个人价值
B分公司班：项目成绩　项目亮点　个人价值
C课堂：项目成绩　项目亮点　个人价值

这就是前面那位王老板工作总结的结构图，我们只选择了本年度"总结"的部分。从中可以看出，王老板修改前的工作总结算是"中规中矩"。与大多数职场人士的工作总结一样，属于典型的"被动"地展示信息。

看看王老板修改后的结构图。

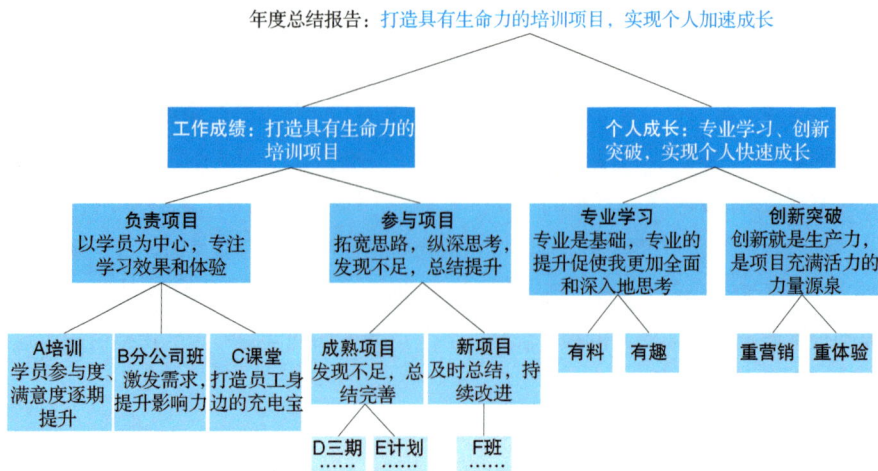

年度总结报告：打造具有生命力的培训项目，实现个人加速成长

工作成绩：打造具有生命力的培训项目 | 个人成长：专业学习、创新突破，实现个人快速成长

负责项目：以学员为中心，专注学习效果和体验
参与项目：拓宽思路，纵深思考，发现不足，总结提升
专业学习：专业是基础，专业的提升促使我更加全面和深入地思考
创新突破：创新就是生产力，是项目充满活力的力量源泉

A培训：学员参与度、满意度逐期提升
B分公司班：激发需求，提升影响力
C课堂：打造员工身边的充电宝

成熟项目：发现不足，总结完善
新项目：及时总结，持续改进

D三期……　E计划……　F班……

有料　有趣 | 重营销　重体验

修改前后的工作总结最明显的对比就是，后者在每一层都形成了经过概括的结论。这些"结论"充分体现了王老板对自己工作的深刻理解和深入思考。另外，在归类分组和上下对应方面有了改善。

修改前，将明显不属于同一层次的信息放到了一个层面上。这样的方式很容易造成读者的困扰，让读者难以理解。

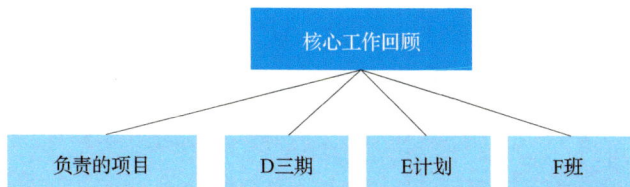

```
                    ┌──────────────┐
                    │  核心工作回顾  │
                    └──────────────┘
           ┌──────────┬──────┴──────┬──────────┐
      ┌────────┐ ┌────────┐ ┌────────┐ ┌────────┐
      │负责的项目│ │ D三期  │ │ E计划  │ │  F班   │
      └────────┘ └────────┘ └────────┘ └────────┘
```

修改后做了较大调整，D 三期、E 计划、F 班被放到了最底层，同时，对它们做了进一步的分类和概括。如此，让三者之间的关系体现得淋漓尽致。所以说，四个核心原则是可以随时调用的工具，而不是纸上谈兵的理论。

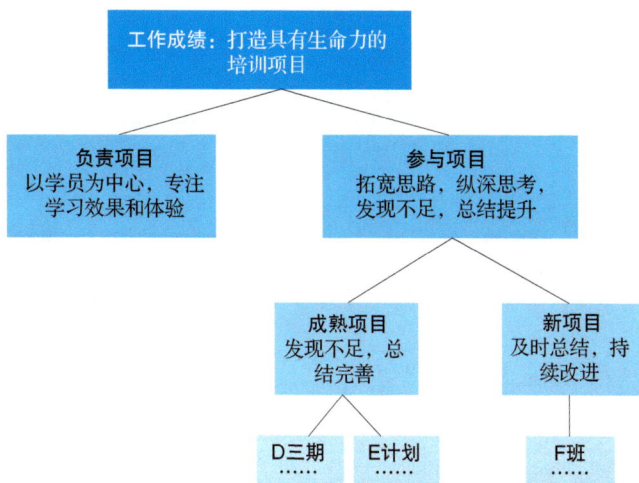

```
              ┌─────────────────────┐
              │ 工作成绩：打造具有生命力的│
              │      培训项目         │
              └─────────────────────┘
          ┌──────────┴──────────────┐
   ┌────────────┐          ┌────────────┐
   │  负责项目   │          │  参与项目   │
   │以学员为中心，专注│      │拓宽思路，纵深思考，│
   │学习效果和体验 │        │发现不足，总结提升│
   └────────────┘          └────────────┘
                      ┌──────────┴──────────┐
               ┌────────────┐        ┌────────────┐
               │  成熟项目   │        │  新项目    │
               │发现不足，总 │        │及时总结，持 │
               │结完善      │        │续改进      │
               └────────────┘        └────────────┘
                 ┌────┴────┐              │
            ┌──────┐ ┌──────┐        ┌──────┐
            │D三期 │ │E计划 │        │ F班  │
            │……    │ │……    │        │……    │
            └──────┘ └──────┘        └──────┘
```

我们再用 STEP1 中的案例来做一下总结概括，看看信息如何一层一层地完成向上概括。

首先，经过归类分组形成了初步的结构图。这个结构图的第三层实际上是采用的"开放式分类"，第二层则是套用"选、育、用、留"而进行的封闭式分类。

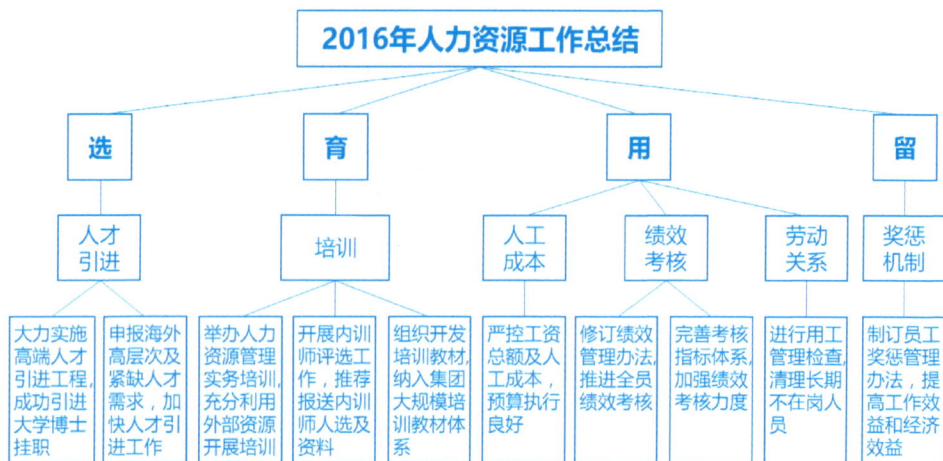

经过分类的第三层只是简单的"类名"，如果就这样表达出来，读者仍然"不知所云"。我们先对底层（第四层）信息进行初步概括，在第三层形成结论。

可以看到，在"用"的下面仍然有三条信息，我们最终是以封闭式分类的结果进行表达，因此，我们还要继续概括，为"选、育、用、留"都匹配上相应的结论。

2016年人力资源工作总结

选	育	用	留
高端人才引进显成效，有效推动了人才梯队的建设	整合内外部资源，员工培训稳步开展	人工成本管控、绩效考核加强、劳动用工规范，促进员工管理质量全面提升	制定科学激励机制，降低员工流失率

- 选 → 高端人才引进工作成果丰硕
  - 大力实施高端人才引进工程，成功引进大学博士挂职
  - 申报海外高层次及紧缺人才需求，加快人才引进工作
- 育 → 员工培训内外结合人课合一
  - 举办人力资源管理实务培训，充分利用外部资源开展培训
  - 开展内训师评选工作，推荐报送内训师人选及资料
  - 组织开发培训教材，纳入集团大规模培训教材体系
- 用
  - 人工成本预算执行情况良好
    - 严控工资总额及人工成本，预算执行良好
  - 绩效管理机制持续改善与加强
    - 修订绩效管理办法，推进全员绩效考核
    - 完善考核指标体系，加强绩效考核力度
  - 劳动用工管理日益规范
    - 进行用工管理检查，清理长期不在岗人员
- 留 → 员工奖惩办法发挥积极作用
  - 制订员工奖惩管理办法，提高工作效益和经济效益

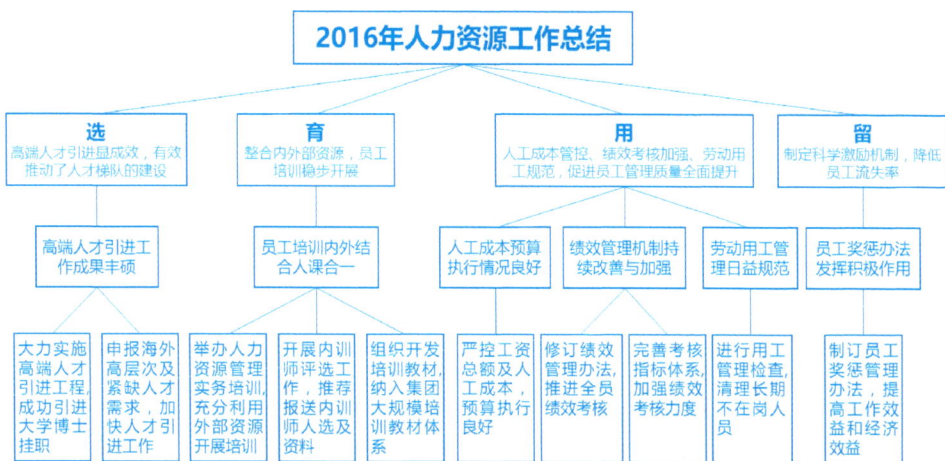

最后，在标题部分进行最终的概括。

2016年人力资源工作总结
各个模块均达成预期目标，全面提升人力资源管理水平

选	育	用	留
高端人才引进显成效，有效推动了人才梯队的建设	整合内外部资源，员工培训稳步开展	人工成本管控、绩效考核加强、劳动用工规范，促进员工管理质量全面提升	制定科学激励机制，降低员工流失率

- 选 → 高端人才引进工作成果丰硕
  - 大力实施高端人才引进工程，成功引进大学博士挂职
  - 申报海外高层次及紧缺人才需求，加快人才引进工作
- 育 → 员工培训内外结合人课合一
  - 举办人力资源管理实务培训，充分利用外部资源开展培训
  - 开展内训师评选工作，推荐报送内训师人选及资料
  - 组织开发培训教材，纳入集团大规模培训教材体系
- 用
  - 人工成本预算执行情况良好
    - 严控工资总额及人工成本，预算执行良好
  - 绩效管理机制持续改善与加强
    - 修订绩效管理办法，推进全员绩效考核
    - 完善考核指标体系，加强绩效考核力度
  - 劳动用工管理日益规范
    - 进行用工管理检查，清理长期不在岗人员
- 留 → 员工奖惩办法发挥积极作用
  - 制订员工奖惩管理办法，提高工作效益和经济效益

通过这个过程，大家也能体会到"结论先行"所要求的"除了最底层的事实与数据，每一层都应该是一个结论"。

再看一个我们在线辅导的实际案例，虽然细节上还存在一些小的问题，但整体思路还是做得不错的。

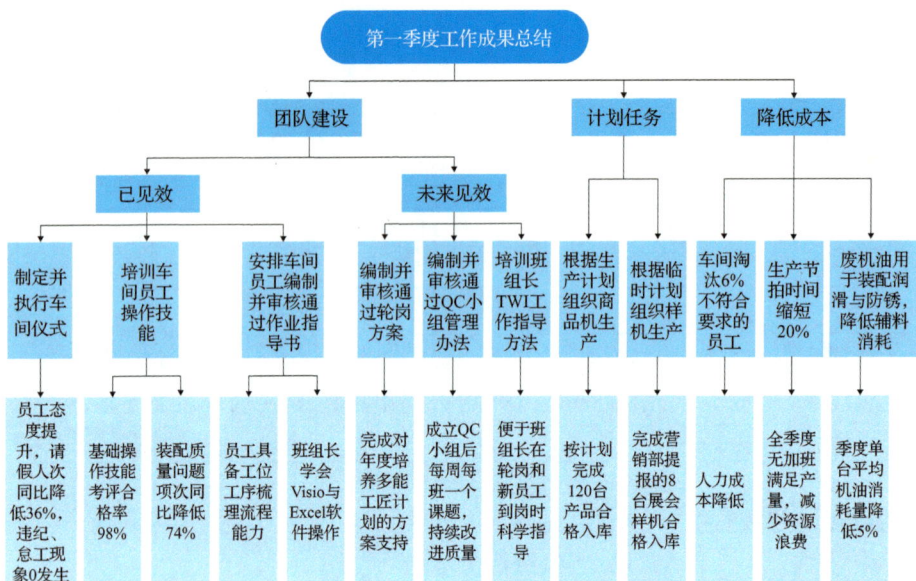

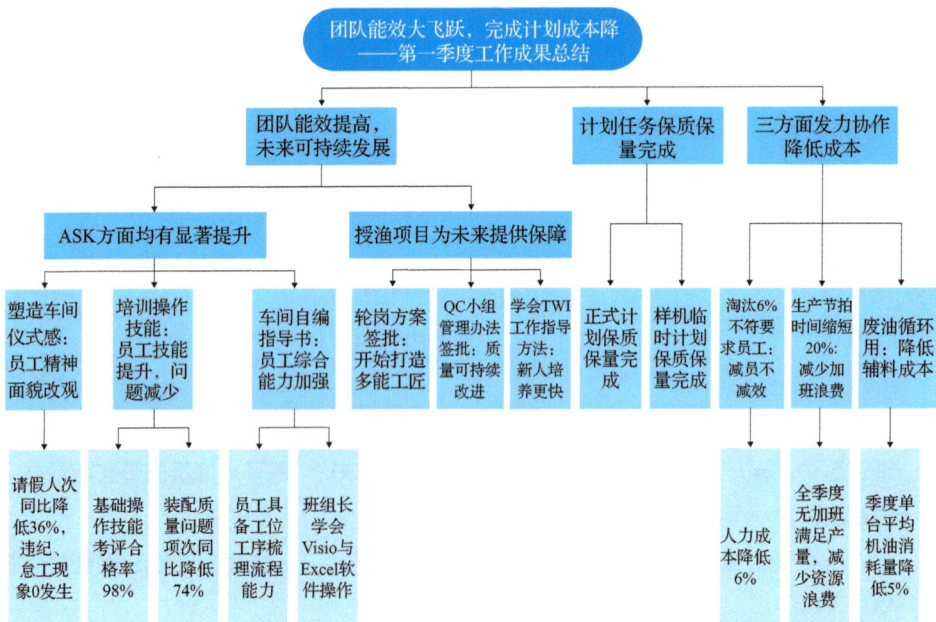

团队能效大飞跃，完成计划成本降
——第一季度工作成果总结

团队能效提高，未来可持续发展

计划任务保质保量完成

三方面发力协作降低成本

ASK方面均有显著提升

授渔项目为未来提供保障

- A方面：塑造车间仪式感。员工精神面貌改观
- S方面：培训操作技能。员工技能提升，问题减少
- K方面：车间自编指导书。增强员工工艺流程与工艺知识
- 人员技能保障：轮岗方案签批
- 质量改进保障：QC小组管理办法签批。质量可持续改进
- 传承方法保障：学会TWI工作指导方法。新人培养更快
- 正式计划：120台商品机保质保量完成
- 临时计划：8台样机计划保质保量完成
- 人力成本：淘汰6%不符合要求员工。减员不减效
- 时间资源成本：生产节拍时间缩短20%。减少加班浪费
- 物料方面成本：废油循环再用。降低辅料成本

- 请假人次同比降低36%，违纪、怠工现象0发生
- 基础操作技能考评合格率98%
- 装配质量问题项次同比降低74%
- 员工掌握装配工艺流程知识
- 员工掌握站位工艺要素知识
- 人力成本降低6%
- 全季度无加班满足产量
- 季度单台平均机油消耗量降低5%

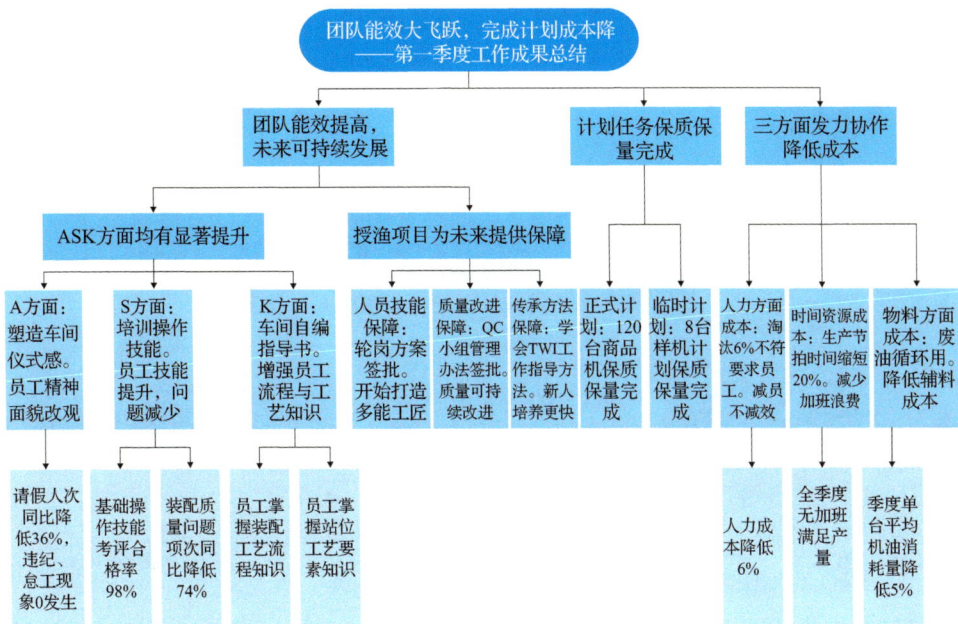

HOW：他山之石，可以攻玉

案例1

8月训练组工作总结
通过沟通、训练和选拔三管齐下，促进人才梯队建设

- **团队培训** 提升团队专业训练能力
  - 校准训练步骤确保统一的训练标准
  - 专注训练工作提升训练质量
- **团队沟通** 激励团队成员加速成长
  - 了解团队成员工作现状定制训练计划促进学习和成长
- **人才选拔** 为团队打造人才梯队建设
  - 报名院线晋升考试并成功晋级管理组满编蓄势待发

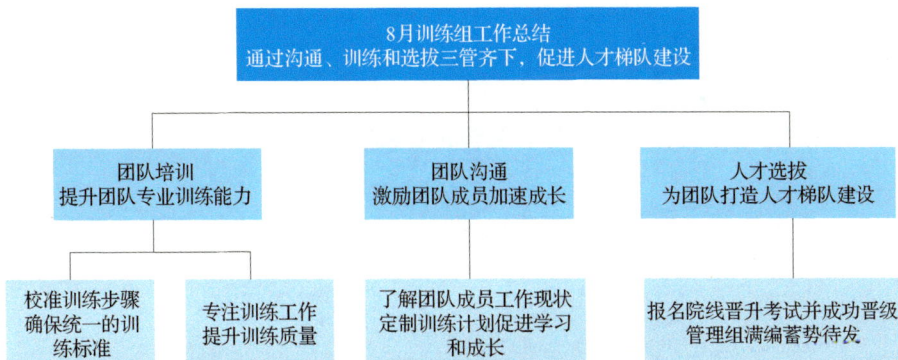

　　这个案例中存在两个大的问题。一是前面我们说到的顺序问题，"沟通、训练、选拔"这三者之间是什么关系？二就是概括的问题。最终的结论是"通过沟通、训练和选拔三管齐下，促进人才梯队建设"，也就是说"促进人才梯队建设"是最终目的。但是到了

下面，却只有"人才选拔"是为了"打造人才梯队建设"。这样一来，核心结论实际上是在"以偏概全"，没有做到以上统下。所以本案例需要进一步思考，培训、沟通与选拔之间究竟是什么关系？

案例 2

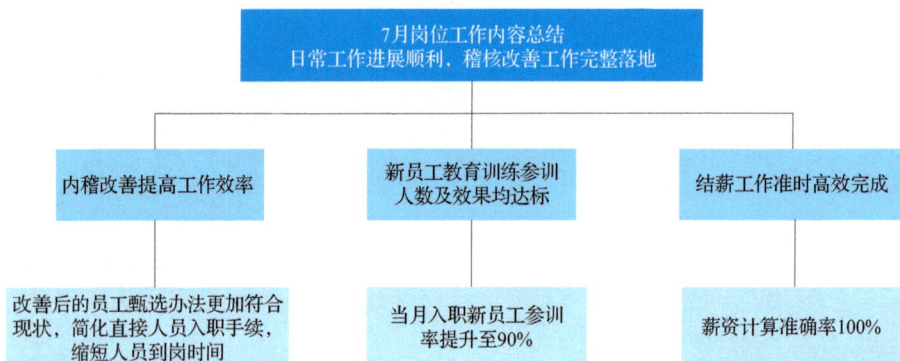

最终结论是"日常工作进展顺利，稽核改善工作完整落地"。这里需要从两方面进行思考：第一，"日常工作"与"稽核改善工作"是什么关系？能否进一步概括？第二，结论是对"日常工作"与"稽核改善工作"两方面进行的概括，但第二层却是从三个方向展开，这三个方向与上面的两个方面如何对应？

从内容可以看出，"新员工教育训练……"与"结薪工作……"应该属于日常工作，所以可以将结构调整为：

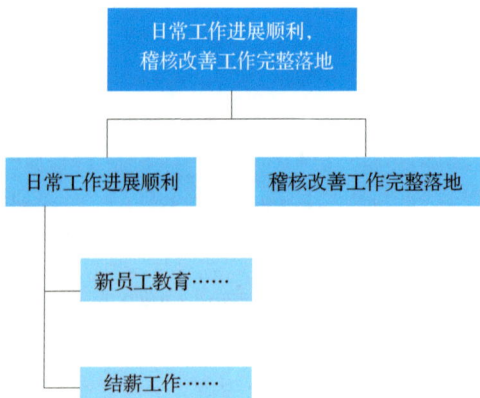

案例 3

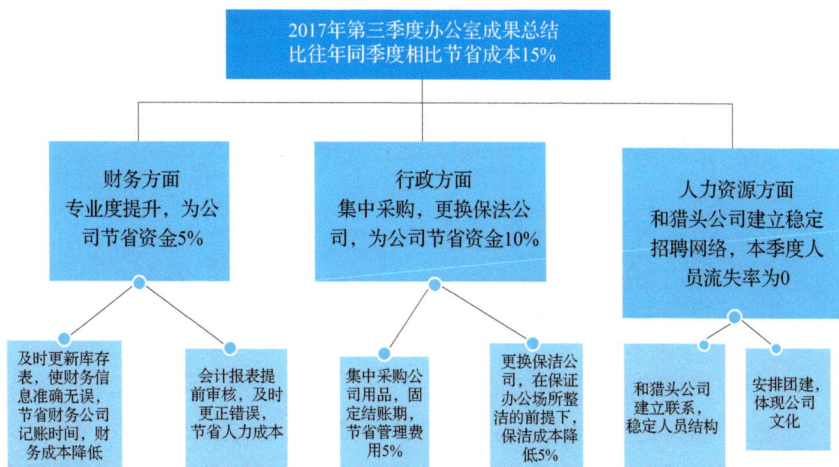

最高层的结论是"节省成本 15%"，下面展开的三个方面中，前两个分别是"为公司节省资金""5%"和"10%"。"成本"与"资金"是否可以画上等号？是否可以简单地将两个百分比相加？这是需要思考的问题。而第三项谈的不是节省成本，是人员流失率的问题，却一样被概括为"节省成本"。另外，"财务、行政、人力资源"这样的排列顺序是基于何种考虑也看不出来。所以整体下来，从框架到细节都存在问题。

根据内容，我们可以对大的框架做出如下调整：

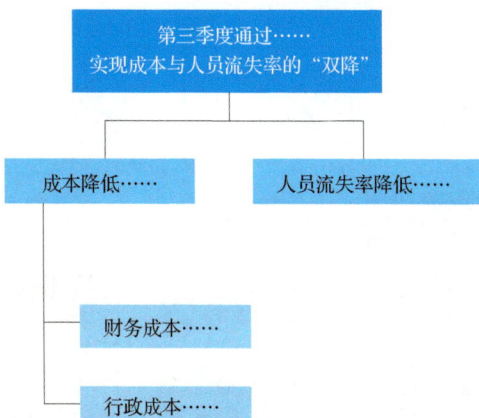

案例 4

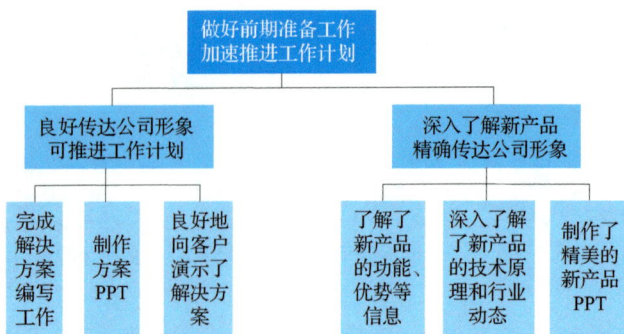

　　最终结论是"做好前期准备工作，加速推进工作计划"，可是，下面第二层的两个方面，只有前一个提到"推进工作计划"。另外，两个方面都提到"传达公司形象"，这一点与"推进工作计划"之间有何关系？为什么在最终结论中没有体现？再往下看，"良好传达公司形象，可推进工作计划"下面的三项都在说"xx 解决方案"，可在结论中却只字未提，给人的感觉就是上层结论与下层信息没有任何关系。再看"深入了解新产品，精确传达公司形象"下面的三项，两个"了解了新产品……"实际上在说一件事，却被无端拆分成了两块，让人费解。整个结构的表现非常混乱，看不到重点，完全不知道想表达什么。

案例 5

整体来看，结论概括得非常到位、清晰，让人一目了然地知道做了什么事，取得了哪些相应的成果。

细节上则可以再优化一下。既然最终结论提到了"三位一体"，下面第二层最好形成对应，明确地告诉读者是哪"三位"。

Tips：上层的准确源于下层的梳理

在我们实际辅导的过程中发现，多数人在概括时出现的问题，貌似表现为上层结论的概括不准确。但实际上，最关键、最核心的问题却往往出在下层信息的梳理上。尤其是信息的"归类分组"，不能从深层挖掘信息间联系，完成合理的分类。上下层之间的问题则主要出现在"以上统下"方面，要么以偏概全，要么互不相关。

所以，这里我们再次强调四个核心原则的重要性，这也是为什么本书首先要在开篇提出它们的原因。无论用到什么方法和工具，最终目的都是为了使最后完成的框架结构符合四个原则。

IF：深度学习离不开独立思考

问题 1：在与本环节内容相关的方面，您进行实际写作时是否存在困惑？有哪些困惑？

问题 2：本小节主要讲了哪些核心内容？请使用您自己的语言进行概括。

问题 3：看完本小节的内容，您有什么样的感受？

问题 4：对于作者的观点，哪些讲得好，哪些讲得不好？不好的部分您觉得应该如何讲更好？

问题 5：在您的实际工作中，您是如何处理类似场景下遇到的问题？

问题 6：您觉得本小节的方法可以如何应用到您的实际工作（或学习）中？

实践任务

任务 1：请针对本小节的主要内容及核心知识点，画出金字塔结构图（或思维脑图）。

任务 2：请采用本小节的方法写一份工作总结（时间跨度可以是一周至一年的任意时间段；可以针对日常工作，也可以是某一项目，或某一活动）。

三、充分说服他人：观点明确、有理有据地进行职场说服

在本书导论中我们就已经提到，职场写作具有很强的说服性。在实际工作中的很多场景下，"写"只是一种表达方式，最终目的，或者说它承载的任务，则是为了完成一次说服。

"说"是一个多音字，shuō 和 shuì。《辞海》、《汉语大词典》和《现代汉语词典》都将"说 (shuō) 服"解释为"用理由充分的话使对方心服"，而将"说 (shuì) 服"解释为"用话劝说别人，使他听从自己的意见"。

可以简单地这样理解。完成一次"说 (shuō) 服"后，问对方一句："你服不服？"对方说服了，然后该干嘛还是接着干嘛。那么完成一次"说 (shuì) 服"，对方光说"服了"还不够，还要接受和认可你的意见、理念和立场等，甚至还要按照你的要求做出一系列的行为。

"说服"对应的英文单词是 persuade，牛津词典有两个解释：① to make somebody do something by giving them good reasons for doing it（给他人好的做事的理由）；② to make somebody believe that something is true（促使他人相信某些事物是真的）。

我们这里所说的"充分说服他人"应该读作"说 (shuì) 服"。在职场，"说服"他人是带有"功利心"的，也就是说，当我们在对他人进行"说服"时，是希望对方听完我的话或者看完我的方案、邮件之后，能够认同我的想法。如果对方是上级领导，则希望他批准；如果对方是下属员工，则希望他执行。

"说服"这个概念很大，我们有必要对它做一个范围的界定。此处的"说服"是指职场的日常工作中，通过写作（方案、邮件和文章等）的方式劝说对方接受或认可自己的想法，并采取相应的行动。

那么在工作中，我们到底如何才能更加有效地说服对方呢？可以从三个层面来看：首先，对方要能看得懂你的内容，清楚地知道你的核心诉求；其次，对方能看到自己的利益被你考虑到；最后，你有充分而合理的理由、依据。

总结一下，成功说服对方至少需要做到三点：目标明确、换位思考和有理有据。关于如何说服他人其实涉及很多方面，这里我们重点关注这三个方面。同样，通过三个步骤完成一次说服性写作，从而使对方的态度或行为朝特定方向改变，如下图所示。

注：《现代汉语词典》（第七版）已将说（shuō）服与说（shuì）服统一。

STEP-1 明确观点	→	STEP-2 疑问回答	→	STEP-3 逻辑归整
说服他人的前提是有一个鲜明的观点		用充分的依据回答读者心中的疑问		用逻辑推理使说服更有力量

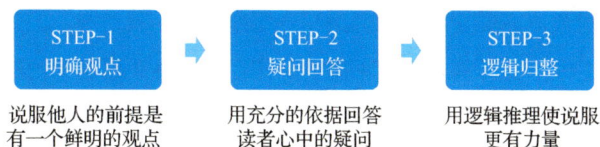

STEP-1　明确观点：说服他人的前提是有一个鲜明的观点

WHY：说服需要具备"读者意识"

A通信公司市场部Eric，给领导提交了一份关于市场推广的申请，结果被领导"打回"，反馈是"不知所云……"其实，Eric也有这个心理准备，因为他当初写申请的时候，大脑就一片混乱，他也不知道自己到底想说什么……

相信 Eric 的情况很多职场人士都遇到过，一说到写方案、写邮件，立马就打开 Word 或者 PPT 不假思索地开始动手打字。至于为什么写？写给谁看？希望对方看完之后有什么反应？这些问题都没有认真地思考。其结果就是，写出来的东西得不到对方的认可，甚至让对方觉得你的态度有问题。

与做其他很多事情一样，写作也需要一个明确的目标，尤其是说服性写作。有了清晰而明确的目标，才能在写作的时候紧紧围绕这个目标展开内容。你所提供的事实、数据和理由依据，以及你的推理论证，都是为了支撑这个目标。如此，才能使你写作的说服力得到提升和加强，也会让你的内容更加紧凑和具有针对性。反之，若写作时大脑中缺乏一个清晰的目标，那么，内容一定是涣散而混乱的，更不用谈什么说服力了。

写作目标是"写什么"以及"怎么写"的前提条件，为什么要首先确定写作目标？很简单，我们不可能用同一种文体、同一种风格、同一个内容去应对所有的读者。特别是职场，哪怕你是写给管理者，同样要区分高、中、基层管理者的关注点。针对不同的层级要设定针对性各异的目标，让他们都能从你的方案中找到他们所关心的那个点。这样，你的方案被批准通过的可能性才会提高。

在我国作文教学中，讲究"一题多做"。它是指语文教师对学生的书面作文进行批改之后，要求学生根据教师的批语对自己的作文进行修改。而国外一些国家作文教学中的"一题多做"则明显不同，他们要求学生就同一主题或材料，或从不同角度思考，或针对不同的读者对象，或根据不同的场景写一组作文。也就是说，国外这些国家的"一题多做"需要学生根据实际需求设定不同的写作目标，然后根据不同的目标写出不同的文章。这对于训练学生写作的"读者意识"是非常有帮助的。

所谓"读者意识"，是指你在写作时大脑中要始终存在一个"潜在读者"，而这一"读者"要出现在写作的任何一个环节。接受美学家伊瑟尔提出"'读者意识'是读者的需求或审美期待在作家头脑中的反映，是读者的存在与作用内化生成于作家心中的一种意识"。

为了使说服更加有效，我们在写作时更要建立起"读者意识"，时刻提醒自己为什么而写，以及对方关心哪些问题。

有了既定的目标，我们还需要形成一个明确的观点。前面说过，说服他人是希望对方能接受自己的想法，但无论有多少想法要表达，都要凝聚成一个清晰的"观点"。这个观点也是"结论"，是整个"说服"总的结论。对方能否认可并接受你的观点，就在于他是否赞同你的观点。

因此，"说服"的第一步就是要确定清晰的目标并形成明确的观点。

WHAT：瞄准目标形成明确的观点

1. 首先设定一个目标

相信大家在职业生涯中都会有这样的一些经历。向心仪的公司投出简历后，心里都会默默念叨："希望 HR 看完我的简历能通知我面试"；向领导提交了加薪申请后会默默祈祷："希望领导看完能批准我加薪"；给客户发出建议书之后会想着："希望客户看完能跟我签合同"。

类似的场景还有很多，它们的共同点之一就是，希望对方看完我们所写的内容后，能做出我们期待他做的事。

其实，这就是我们的写作目标。

问题在于，很多人没有在写作前想着设定这样的目标，而是稀里糊涂写完之后才有所惊觉。但往往等他们意识到的时候，木已成舟。

所以，我们要把这个问题想在前面。在开始动手写之前，先问一问自己，我的内容写给谁看？希望这个人看完之后有什么举动？

这里面有两个关键点，一是读者是"谁"，二是最后的"结果"是什么。这两个点正好对应了确定目标的 WA 法，如下图所示。

在说服性写作中，可依据 WA 方法设定目标，然后根据目标明确观点，从而有效地说服他人。WA，即 Who 和 Achievement 两个单词的首字母，读作 wà。Who 指"说服的对象"即读者。Achievement 表示说服的成果，包括但不限于说服对方接受你的观点，以及说服对方采取相应的行动。

所以，通过 WA 设定的目标可以表述为：<u>希望 W 在看完我写的内容之后，能够做到 A</u>（"同意 / 认可 / 采纳 / 接受"我的"观点 / 建议 / 立场 / 态度"，采取或实施我期望的"行动 / 措施 / 行为"）。

再来看 Eric 的案例。很显然，W 是他的领导，A 则是"方案被领导批准，并提供相应的支持"。所以 Eric 本次的目标可以设定为"希望领导看完方案能够批准通过，并提供相应的支持"。

2. 根据目标形成观点

有了清晰的目标，接下来要基于目标明确你想要表达的核心观点。这时候，需要重点思考几个问题，以帮助你形成明确的观点。

- 你要解决的是什么问题？
- 你想要干什么？目的是什么？
- 你准备采取哪些措施？
- 预期将取得什么样的成效？

如果你能快速而坚定地回答这些问题，那么可以认为你把这个事儿想明白了。如若不能，则请你暂停一下，认真思考一下自己到底想要做什么。

最后，对这些问题的答案进行总结概括，形成观点。观点需要具备两个核心要素：措施与成果，即"做什么"以及"预期效果如何"。

经过这样的思考过程有什么好处呢？可以让你的观点非常"务实"，同时更加简洁高效。联想一下实际工作，很多职场人士在表达自己的观点时，经常陷入"假大空"的误区，要么言之无物，要么华而不实。无论是口头说话还是书面写作，内容看似很多但实质却空洞无物。而通过对前面几个问题的思考，更能将内容聚焦，也符合对方的心理诉求。大多数情况下，人们最关心的问题无外乎"做什么、怎么做、有什么效果"。

Eric 经过一番思考后，形成了他所想表达的核心观点，即"申请更多资源，加大某通信网络建设，提升市场占有率至 50%"。围绕这一观点，他将从申请哪些资源、采取哪些相关措施、如何确保预期目标达成等方面展开自己的方案。这样一来，Eric 的方案变得观点明确、重点突出、简洁高效，获得领导批准的可能性大大提高。

确定目标后，我们就可以进一步明确观点，即：向公司申请更多资源，加大通信网络建设，提高市场份额。因此，说服性表达中，即使表述的内容结构清晰，符合逻辑，满足对方的需求，如果我们目标不明确，还是达不到一个有效的结果。并且，同一件事与不同的人沟通，目标不同，则观点不一样；观点不一样，表达结构也可能有差别。例如，做一个结构思考力的培训课件，受众是学员，目标是希望学员学会结构思考力，那么阐述的观点，即课件的标题就叫作"结构思考力——思考更清晰，表达更有利"。如果结构思考力的课件用于一次宣讲课，受众是各大企业的经理，则希望他们在宣讲课后能够让企业员工来上结构思考力的课程，那么阐述的观点，即课件的标题就叫作"结构思考力——统一思维标准，提升组织效率"。针对不同的对象，观点的切入点也就不同。

HOW：他山之石，可以攻玉

同样，本环节的案例分析将在下一步骤 HOW 环节与"疑问一回答"部分一并进行。

IF：深度学习离不开独立思考

问题 1：在与本环节内容相关的方面，您进行实际写作时是否存在困惑？有哪些困惑？

问题 2：本小节主要讲了哪些核心内容？请使用您自己的语言进行概括。

问题 3：看完本小节的内容，您有什么样的感受？

问题 4：对于作者的观点，哪些讲得好，哪些讲得不好？不好的部分您觉得应该如何讲更好？

问题 5：在您的实际工作中，您是如何处理类似场景下遇到的问题？

问题 6：您觉得本小节的方法可以如何应用到您的实际工作（或学习）中？

STEP-2　疑问回答：用充分的依据回答读者心中的疑问

WHY：说服他人需要换位思考去回答疑问

> 公明仪为牛弹《清角》之操，伏食如故。非牛不闻，不合其耳矣。
>
> 转为蚊虻之声、孤犊之鸣，即掉尾、奋耳，蹀躞而听。

上面这段出自《牟子理惑论》，说的是战国时期公明仪为牛弹奏乐曲的故事。后来，这个故事延伸出一个被人们常常挂在嘴边的成语——对牛弹琴。这个成语更多是被人们用来讽刺对方听不懂自己说的话。或者在说服某个人时，自己讲得口干舌燥，对方却始终不为所动，于是我们恼羞成怒地向对方抛出这句"对牛弹琴"。

其实我们稍稍换个角度看，就会发现这其中存在很大的问题。公明仪明知对方只是一头牛，却还要对它抚琴一曲，试图唤起它对乐曲的共鸣。这到底是牛的错还是他的问题？所以，"对牛弹琴"另一个用法就是用以嘲讽说话的人不看对象。

网上流传这样一个故事。一个人小时候常常跟着父亲去钓鱼。但是，每次父亲总是凯旋，而自己却一无所获。他感到很沮丧，于是问父亲："为什么我连一条鱼也钓不到，是我钓鱼的方法不对吗？"父亲告诉他："孩子，不是你钓鱼的方法不对，而是你的想法不对。你要钓到鱼，就得像鱼那样'思考'！"

像鱼那样思考，到底是什么意思？很多年后，他才有所领悟。原来，他之所以钓不到鱼，是因为他选择下钩的位置不对。因为鱼的各种特殊的生理特征，并不是只要有水的地方就有鱼。水的温度和深度、阳光的强弱以及是否有水草等，这些因素都会对鱼产生影响。所以，只有了解了鱼的习性，能像鱼一样思考，知道哪些位置是鱼喜欢待的，才有可能钓到鱼。

无论是牛的典故，还是鱼的故事，其实都是在说一个道理：换位思考。对牛弹琴和小孩钓鱼都以失败告终，核心问题就在于公明仪和小孩都是从"我"的角度出发，只是想着"我"要如何。

我们常说，看问题要用"辩证"的眼光，何为辩证？无非就是系统而全面地看待问题。两个人在沟通的时候，除了"我"的角度，至少还要考虑"你"的角度，甚至还要考虑第三方的角度，这样才可能把问题考虑得更加全面和准确。

而在说服他人时，"换位思考"更是必须要做到的。前面我们提到写作时要建立"读者意识"，其实就是一种换位思考。包括形成观点的过程，其本质也是在思考对方所关心的问题。林肯曾说过："我会用三分之一的时间来思考自己以及要说的话，花三分之二的时间来思考对方以及他会说什么话。"其言下之意，就是在与他人对话时，他会将重心放在换位思考上。

还记得本篇第一部分"清晰传递信息"中 STEP-1 设计标题环节"人口普查"的案例吗？两条标语形成的强烈对比就源于是否做到了换位思考。

职场中，每个人在不同岗位扮演的角色都不一样。大家处于不同的部门，担任不同的岗位，承担着不同的职能，这就使得每个人的关注点有很大的差别。不用说跨部门沟通，哪怕是同一个部门中的小团队内的交流，如果没有换位思考作为基础，同样会引发对立，甚至争执。如果是以说服为目的的沟通，缺乏换位思考的话，结果将是灾难性的。

WHAT：采用"疑问—回答"构建说服框架

1."提问"的能力很重要

那么，到底如何做到"换位思考"呢？

试想一下，假如你是某公司老板，一日某员工找到你，提出升职加薪的要求，你会如何反应？对于这位员工的要求，你一定心生疑问，而且是很多疑问。为什么突然提出这个要求？你的心理预期是多少？如果我不满足你的要求你会怎么做？当然，最关心的问题就是，你凭什么让我给你升职加薪？

如果这位员工准备充分，对你的这些问题对答如流，而且理由充分，合情合理，相信你很难一口回绝他的申请，至少你会答应他先考虑考虑。

这是员工在试图说服老板批准升职加薪的场景。实际工作中，存在非常多的说服场景：给直属领导写一封邮件，说服他同意自己的某个想法或计划；给跨部门的同事写一封邮件，说服对方为你的工作提供支持；提交一份财务报告，说服公司为某项目投入更多的资金；针对客户的问题写一份解决方案，说服客户购买公司的产品或服务。

这些场景都有一个共同点，那就是当你抛出自己的观点后，都会在说服对象心里激发出很多的问题。如果你不能很好地回答这些问题，那么你将很难说服对方。相反，如果你提前设想到对方会针对你的观点提出哪些问题，并为这些问题准备好充分的理由或说辞，那么你说服的成功率将会得到大幅提升。

因此，在第一步形成明确观点后，紧接着的第二个步骤就要站在读者的角度（立场）设想：针对这个观点，对方可能会提出哪些疑问。然后，针对这些疑问，认真、细致地回答。

这便是说服性写作的第二步，用"疑问—回答"方法设想问题，回答问题，如下图所示。

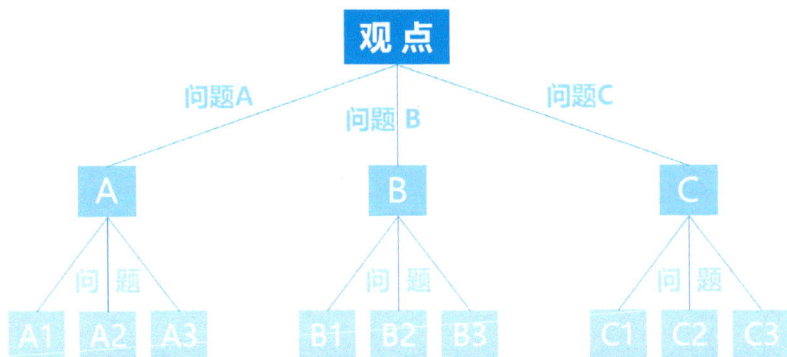

说一个真实案例。笔者有一位朋友小周，供职于某地产公司从事建筑设计的工作。他已经在这家公司任劳任怨地贡献了十年的青春岁月，现在，小周觉得是时候提出升职加薪了，希望领导可以提升他为"高级设计经理"。小周怀着忐忑的心情写下了他的申请，申请的结构图如下：

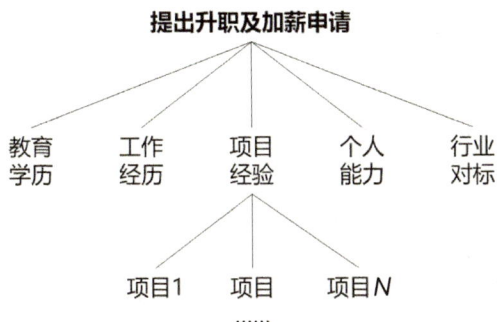

小周分别从教育经历、工作经历、项目经验、个人能力以及行业对标等方面——展开论述，向组织说明自己已经做好升职的准备。

从结构图可以明显看出，小周的这份申请更多的是从"我"的角度在写。他试图从各个方面对自身的"优秀"加以说明，全方位展现自己，让领导知道自己多么努力，又多么不容易。这份申请看着更像是工作总结报告，属于典型的"自说自话"。说服性不强，说服力度也偏弱。

小周自己写完也觉得没底气，找到笔者希望得到一些建议。笔者向他介绍了"疑问—回答"法，于是他做了一番大刀阔斧的修改，修改完是这样的：

领导，请批准我升至高级岗位

你凭什么提这个要求？

我具备升职的条件
我符合加薪的标准

同行标准对比
我薪水落后了

我希望与公司
共同发展

你哪里来的自信？

居然有这等事？

真的假的？

理由1 | 理由… | 理由N

事实1 | 事实… | 事实N

感恩过去 | 畅想未来

首先看小周的观点。修改前是没有观点的，修改后有了一个简单、直接、显得很有力度的观点。然后针对这个观点，小周设想领导可能会问他："你凭什么？"相信很多职场人士都有过提升职加薪要求的经历，或者没有实际经历也曾经演过"内心戏"。大家都会问自己，万一对方提出这个问题我如何回答。这个问题可以说是这种场景下最核心的。小周从三个方面回答了这个问题，而他的回答实际上又形成了三个新的观点，接着，他又设想了对方针对这三个新的观点可能提出的问题，并且进一步回答。

所以，"疑问—回答"法不仅仅局限于第一层，只要你能想到对方可能提出的问题，就可以一直延续下去。横向上你能想到的问题越广泛，纵向上你的问题越有深度，那么你整体内容的说服性就越强。

"疑问—回答"法看似简单，其实很难。最难的地方就在于准确到位地"设想问题"。如果你所设想的问题对方根本就不关心，那么你对问题的回答无论多么精彩，对于"将对方说服"这个结果而言，也是苍白无力的。而"设想问题"的背后起到支撑作用的就是"换位思考"。要做到绝对彻底的"换位思考"几乎是不可能的，如果你想要跟对方一样"感同身受"，除非你能钻进对方的大脑去感知他的一切。

在这种前提的限制下，我们能做的就是尽可能扩大问题的覆盖范围。如何保证我们设想的问题能够尽可能的全面呢？这时候就要调用思维模型了。

2. 调用 5W2H 思维模型设想问题

在本篇第一部分"清晰传递信息"中 STEP-3 展开内容的环节，我们调用了 2W1H 框架。这里则需要更加全面和覆盖面更广的框架，那就是 5W2H 模型。

5W2H	问题方向	参考问题
5W	What 是什么	目的是什么？做什么工作？……
	Why 为什么	为什么要这么做？理由何在？原因是什么？为什么造成这样的结果？……
	When 何时	什么时间完成？什么时机最适宜？……
	Where 何地	在哪里做？从哪里入手？……
	Who 谁	由谁来承担？谁来完成？谁负责？……
2H	How 怎么做	如何提高效率？如何实施？方法怎样？做到什么程度？……
	How much 多少钱	成本多少？数量如何？质量水平如何？费用产出如何？……

5W2H 框架实际上是为我们提供了设想问题的七个方向，或者说七个维度。在这七个维度的指引下，我们可以根据实际情况设想对方可能提出的问题。

下面，我们看看小周申请升职加薪的案例如何用 5W2H 设想问题：

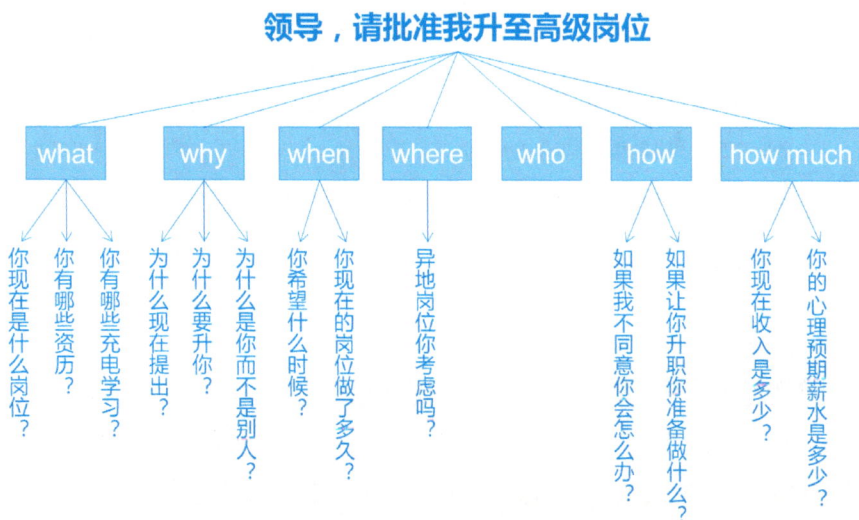

领导，请批准我升至高级岗位

what — 你现在是什么岗位？ / 你有哪些资历？ / 你有哪些充电学习？

why — 为什么现在提出？ / 为什么要升你？ / 为什么是你而不是别人？

when — 你希望什么时候？ / 你现在的岗位做了多久？

where — 异地岗位你考虑吗？

who — 如果我不同意你会怎么办？ / 如果让你升职你准备做什么？

how — 你现在收入是多少？

how much — 你的心理预期薪水是多少？

可以在这样一个框架下尽可能多地设想问题。同时，除了数量，问题的质量也很重要。读者意识，换位思考，都是要在整个过程中贯穿始末的。

当然，说服他人按照自己的意愿行动是一个系统性的问题，并不是说只要掌握了"疑问—回答"方法就可以轻松应对。说服他人还涉及情感、逻辑和策略等多个方面的因素，这个环节我们主要针对的问题是，如何站在对方的角度设计说服的内容。在下一个步骤则会聚焦在说服的"逻辑"方面。

HOW：他山之石，可以攻玉

案例 1

目标：希望各部门领导看完我的学习委员组建报告，可以同意我的方案，并积极支持工作。

观点：希望各部门增设一名适合的学习委员，加大各部门课程体系建设，从而帮助部门提升培训工作的有效性和针对性。

疑问—回答：

从读者角度设想的问题	对问题的回答
为什么要配备学习委员？	课程体系建设需要学习委员科学规范的管理
学习委员为何能科学规范管理课程体系建设呢？	学习委员作为培训管理者，他会： 以企业战略为导向，确保课程体系有针对性； 以员工职业发展为路径，确保课程体系有层次性； 以组织岗位为基础，确保课程体系的实用性
为什么一定是学习委员才能完成这项工作呢？	闻道有先后，术业有专攻，专人专职，利于组织学习发展
课程体系搭建需要哪些步骤才能完成？	1. 搭建培训课程体系框架 2. 分析能力要求 3. 能力与课程的转换 4. 开发培训课程 5. 构建培训课程体系
什么样才算适合的学习委员？	经理级别且热爱培训事业

解析：

目标和观点部分。本案例没有理解"目标"与"观点"的区别。"目标"是你希望说服结束后，对方采取的行动措施；"观点"是你说服内容的核心思想。两者是完全不一样的概念，实际操作时很多人会混淆。我们帮他修改一下：各部门增设一名学习委员，将使部门培训工作更具有针对性和有效性。

疑问—回答部分。设想问题的关键是换位思考，要更多地关注对方可能提出的问题。本案例设想的问题中，除了"为什么要配备学习委员""为什么一定是学习委员才能完成这项工作"这两个问题外，其他三个问题实际上已经进入"技术性"的细节问题。这两个"为什么"恰恰是关键问题所在，可对这两个问题的回答篇幅反而不如其他几个。由此可以看出，本案例还是处于"我想告诉你我所知道的"状态，而不是"我来回答你关心的"。

案例 2

目标：希望说服院办领导同意我的想法，让外区培训师都能每月参加会议以及培训。

观点：每月组织参加会议，有助于各外派同事之间的交流，有助于提升业务能力。

疑问—回答：

产生的问题	对问题的回答
What	外派人员学习机会少，交流少
Why	外区长期处于小组里，知识标准未得到提升
How	每月除了驻点的基地人员，其他人都参加
When	从下个月试行
Where	在多基地轮流做，在会议选点，领导下基地
Who	院办组织
How much	半年度做效果反馈，每月组织主题会议

解析：

目标和观点部分。问题 1：目标中提到的是"外区培训师"，观点又成了"外派同事"，建议前后保持一致，否则容易让人费解。问题 2：目标中提到的是"参加会议以及培训"，到了观点，"培训"不见了，是目标多说了"培训"，还是观点遗漏了"培训"？问题 3：从"每月组织参加会议"得出"有助于各外派同事之间的交流"，这个推论可以理解，但怎么就"有助于提升业务能力"呢？没有说服力。

疑问—回答部分。可以看到，本案例直接就在回答里面开始"回答"了，可设想的问题是什么呢？ 5W2H 只是一个问题引导的框架，并不能代表具体的问题。如果连问题都懒得去想，那所谓的"回答"是否有意义和价值就可想而知了。

案例 3

目标：通过这篇文章，让想要提高学习效果的人找到高效学习的方法。

观点：明确学习目标，优化知识来源，输出大于输入。

疑问—回答：

从读者角度设想的问题 5W2H	对问题的回答
Who：到底谁是学习主体？	学生时期的学习是以知识为主体，也就是说不分目的不会经过筛选的学习。作为成人的学习，主体应该是我们自己，以我们的需要和目的为主体学习
Why：为什么说是学习效果，而不是学习效率？	学习效率只是说输入时的速度，而学习效果强调的是应用，学习的目的是要能用，要会用
When：如何管理学习时间？如何管理碎片化学习？	学习时间的管理可以根据知识类型和学习的目的进行划分和安排，比如重要且较难的知识安排 25 分钟不被打扰的时间学习，重要且易懂的知识可以选择碎片时间学习。 现在碎片化学习被误读，其实碎片化指的是时间而不是知识，如果利用碎片化时间内持续的高效学习一类知识，同样能达到系统化学习的效果
How：如何提高学习效率？	介绍几个要点： 1. 目标明确且足够清晰； 2. 精选知识来源； 3. 多元化的输出方式

解析：

目标部分。可以看出，完全没有理解何为"目标"。根据内容，想设置的目标应该是"希望读者看完这篇文章，能认可并接受某种高效学习方法"。

观点部分。完全让人不知所云，想表达的意思应该是"掌握某种高效学习方法，能让你提高学习效果"。

疑问—回答部分。可以看出，作者在"学习效果""学习效率""学习时间""碎片化学习"这些概念的处理上混乱不堪，根本不知道想表达的内容到底是什么。另外，将"如何管理学习时间""如何管理碎片化学习"放在 When 下面，相信大家知道这个问题出在哪里了。

因此，从本案例的表达可以看出，对于想要做的事完全没有清晰的概念，更不用说想清楚说明白了。

案例 4

目标：希望企业决策者看完我们的商务礼仪方案，尽快采购商务礼仪内训课程。

观点：商务礼仪是门实操课程，企业应该选择有经验、专业并且关注学习效果的公司。

疑问—回答：

从企业决策者的角度设想问题	对问题的回答
Why1：为什么要采购商务礼仪课程？	1. 树立企业形象 2. 提升客户满意度 3. 增加企业竞争力
Why2：为什么要采购我们的商务礼仪课程？	1. 500强企业已经有采购过的经历，比如说××公司 2. 我们的课程从最后的理论及实操两方面的考核使学员达到预期效果 3. 我们的课程里面有版权的《礼仪操》和《微笑操》 4. 根据企业实际需要，我们可以为公司培养礼仪辅导员，专门负责学习后的指导工作，巩固学习效果，保证后续的应用
What：商务礼仪课程包含什么内容？	1. 仪态礼仪　　3. 职场礼仪 2. 餐饮礼仪　　4. 形象礼仪
How：这个课程如何学习？	1. 讲解示范 2. 演练指导 3. 考核纠错
Who：需要谁来学习？	全员
How much：课程费用是多少？	费用××××元/天
Where：在哪里培训？	企业内部
When：什么时间培训合适？	建议在工作日的晚上或者周末休息时间，这样学员能全心投入学习

解析：

观点部分。表述得比较"含蓄"，其中的潜台词是"我们就是这样一家有经验、专业并且关注学习效果的公司"。内容上没有问题，形式上可以更明确和直接一些。

疑问—回答部分。每个维度都设想了一个问题，满足了基本要求。问题可以再多一点，可以将销售领域常用的FABE、SPIN等模型融入进来，从而使问题显得更加丰满，能覆盖更大的范围。

案例5

目标：希望公司看到我关于这个方案内容的分析后，同意这个方案。

观点：把人才培养职责纳入个人绩效考核中，调动课长的积极主动性，确保人才培养保质、保量、有效推进，加快人才培养。

疑问一回答：

5W2H	疑问	对问题的回答
What	目前是什么情况？	课长认为人才培养是附加工作，人才培养积极性不高
How	怎样才能调动积极主动性？	把人才培养做进个人工作职责，加入绩效考核
Why	为什么这么做？	以绩效推动工作积极性，推进人才培养进度
When	什么时候开始做比较合适？	在与事业部做完沟通后，即刻明确工作职责
Where	从哪里入手？	以沟通会的形式确认，用 OA 形式下发
Who	由谁来具体负责实施？	由总经办负责下方沟通内容
How much	做到怎样的程度？	在计入绩效考核中去以后，能调动课长人才培养积极性

解析：

目标部分。"希望公司看到"，公司的谁将会看你的方案呢？我们要说服的是某个人或某个群体，而不是直接说服公司。

观点部分。首先说了举措："把人才培养职责纳入个人绩效考核中"，很清晰，很明确。然后问题来了，后面跟了一长串的利益点："调动课长的积极主动性，确保人才培养保质、保量、有效推进，加快人才培养"。这三个利益点之间是什么关系？哪一个才是你最终想要实现的？像这样罗列利益点的方式，看起来好像显得很多，实际上只会让读者分不清哪个是重点，哪个才是你最想传达的。

疑问一回答部分。问题问得太笼统和含糊，一是不完整，二是不具体。设想问题要真正站在对方的角度，清晰明确地将对方可能产生的疑问描述出来，而不是这样随意处理。

Tips：方向要明确，语言要清晰

对于"说服"而言，"明确目标"和"疑问回答"是非常关键的环节。因为，它们直接影响的是整个"说服"的大方向。方向错了，内容再好都会失去意义。实际上，设定目标、确定观点和疑问回答这三个步骤要经过三种视角的切换：设定目标时，要自问自答，问自己为什么要进行这次说服，预期目标是什么；确定观点时，要假想自己正在与对方沟通，对方需要知道你的核心诉求是什么；疑问回答时，假设自己处于对方的立场，设想对方会关心哪些问题。这三次切换都要做到了然于心，不可模棱两可，含糊过关。另外，在语言的描述上必须具体而详细，无论是目标、观点还是设想的问题，都需要清清楚楚地加以描述，不能出现概念上的混乱和表达上的模糊。

IF：深度学习离不开独立思考

问题 1：在与本环节内容相关的方面，您进行实际写作时是否存在困惑？有哪些困惑？

问题 2：本小节主要讲了哪些核心内容？请使用您自己的语言进行概括。

问题 3：看完本小节的内容，您有什么样的感受？

问题 4：对于作者的观点，哪些讲得好，哪些讲得不好？不好的部分您觉得应该如何讲更好？

问题 5：在您的实际工作中，您是如何处理类似场景下遇到的问题？

问题 6：您觉得本小节的方法可以如何应用到您的实际工作（或学习）中？

STEP-3　逻辑归整：用逻辑推理使说服更有力量

WHY：逻辑清晰更能使人信服

前面已经说过，这个步骤我们主要聚焦在"逻辑"。

先来说说一个人，列宁。

列宁是一位天才的演说家，被美国《展示》杂志列为近百年来具有说服力的演说家，一生发表过许许多多极富逻辑力量和鼓动色彩的演讲。

斯大林这样描述列宁的演讲："当时使我佩服的是列宁演说中那种不可战胜的逻辑力量，这种逻辑力量虽然有点枯燥，但是紧紧地抓住听众，一步一步地感动听众，然后就把听众俘虏得一个不剩。我记得当时有很多代表说：'列宁演说中的逻辑好像是万能的触角，用钳子从各方面把你钳住，使你无法脱身，你不是投降就是完全失败。'"

因此，我们可以认为，列宁是一个拥有强大逻辑思维的人，从他的演讲就可以感受到。而强大的逻辑思维能力也让他的演讲拥有一种力量，这种力量也在无形中大大增强了他演讲内容的说服力。

如果我们希望在沟通表达时也让自己的内容更具说服力，那就必须要考虑逻辑性的问题。实际上，如果没有逻辑，可能表达最基本的准确性都做不到，更别谈说服力了。

"逻辑"是一个很大的概念，当前场景下，我们所探讨的是如何使写作更具说服力，所以会更加聚焦在逻辑的论证推理方面。

而严格来讲，"论证"与"推理"是两个既相互关联又有区别的概念，从它们的定义就能看出。推理，逻辑学中思维的基本形式之一，是从一个或一些已知的命题（前提）推出新命题（结论）的过程。论证，用某些理由去支持或反驳某个观点的过程或语言形式，通常由论题、论点、论据和论证方式构成。"论点"即论证者所主张并且要通过论证加以证明的观点。在说服性写作中，我们要说服对方接受的也就是这个"论点"。

"推理"和"论证"的共同点在于，本质上它们都是在围绕"前提→结论"这样一个过程说事儿。论证需要使用推理来完成，甚至可以说论证就是推理。再严谨一点说，一个简单的论证就是一个推理。论证的论据相当于推理的前提，论点则相当于推理的结论。从论据导出论点的过程（论证）相当于推理形式。那么，一个复杂的论证则需要一连串不同的推理。这是说的推理和论证之间的联系。

两者的区别有哪些呢？其中一个本质的不同点就是，"推理"关注的是前提和结论之间的逻辑关系是否有效，而"论证"不仅要求前提到结论是合乎逻辑的，也要求信息内容是真实可信的。也就是说，推理并不要求前提一定为真，假命题之间完全可以进行合乎逻辑的推理。而论证的目的在于说服对方接受或拒绝某个观点，因此所使用的论据必须真实可靠，或者说为双方共同认可。另外，从思维活动的过程看，"推理"是从前提到结论，"论证"则是先有结论，再找到论据，并由论据推论其真实成立。最后，从复杂程度看，推理是论证不可或缺的逻辑手段，而且大多数论证包含了多种推理，所以论证可以看作是推理的综合运用。

因此，在说服性写作中，推理和论证都是我们要关注的。如果是一次"简单"的说服，用结构图表示可能也就两到三个层次，那说服可能就是一次推理的过程。如果是"复杂"的说服，要构建三个以上的层次，那说服也就可能成为一次论证的过程。

不管怎样，要从推理和论证的角度考察我们的说服是否具备逻辑性，以及逻辑是否合理。可以说，合理的逻辑是有效说服的基本前提。

为什么要如此强调逻辑的重要性呢？

一方面是因为有些国人本身就较缺乏逻辑素养，或者说我们对逻辑的关注还很不足。中国逻辑学发展的黄金时代是在先秦时期，诸子百家蜂起争鸣，其中，名家和墨家对逻辑进行了许多探讨。尤其是前面我们就提到过的墨子，他更是建立了以名、辞、说、辩为基础的逻辑学体系，使中国的逻辑成为世界逻辑发展的三大源流之一。只可惜由于历史等诸多原因，中国的逻辑学发展出现严重断裂，落后的局面延续至今。这也造成中国文化长期缺乏严格的逻辑思维传统，这一点在中国哲学研究中有着明显的体现。中国哲学思维更倾向于依靠"直觉、顿悟"，以及笼统模糊的综合概括，缺乏精细的剖析和严密的论证。尤其是一个"悟"字，不仅哲学家们用，我们日常生活和工作也经常能见到。一个人说话说不明白的时候总会冲对方来一句"你自己去悟吧！"这个"悟"字恰恰反映出我们在表达时所存在的缺陷：隐晦模糊，难以理解，难以评判。所以，结构思考力"三层次模型"把第一层就定为"理解"，强调了隐性思维要显性化。

另一方面则是我们确实需要逻辑，它非常有用。

逻辑在生活和工作中主要有三点作用。第一，正确运用概念；第二，做出正确判断；第三，有效推理论证。这三点恰恰是说服性写作需要具备的，尤其是正确运用概念和有效推理论证。

概念可以说是逻辑思维的细胞。如果说思维是一幢大厦，那么概念就是那一块块的砖头，虽然小，影响却巨大。如果没有正确地运用概念，那么"大厦"将是不稳定的，很容易崩塌，甚至不攻自破。如何正确地使用概念呢？重点关注三个方面：首先，对概念的澄清一定要明确清晰，切不可模棱两可；其次，要明确概念的含义，包括其内涵与外延，不要混淆或偷换概念；最后，同一概念在不同语境下的含义区分。比如，罗素曾经说过"逻辑是哲学的本质"，乍看之下，他的言下之意是"所有"逻辑都是哲学的本质。其实，结合当时的语境，他所说的"逻辑"是指的"数理逻辑"。

我们已经知道，合理而有效的推理论证是说服性写作所必需的，而逻辑最大的意义就在于它为推理论证提供了坚实的保障。可是很多人都缺乏严密的逻辑思维，在提出自己的论证时往往漏洞百出，经不起推敲。这其中有两个常见的误区。第一，过于武断而缺少充分的论证。有结论，但缺少有说服力的论据和充分的论证过程。第二，无视逻辑规则，只是想当然。只看得到孤立片面的信息，毫无根据地随意联想，生搬硬套地得出自以为是的结论。

所以我们常说，逻辑是"给思维的野马套上缰绳"。逻辑带给我们的是严谨和严密的理性思考。严谨性是指推理的每一步都要"言之有据、言之有理"。严密性则是指严格地遵循逻辑规则，做到概念清晰，判断正确。说服性写作需要的不是天马行空的跳跃思维，而是环环相扣、严丝合缝的严谨论证。

总而言之，逻辑不是逻辑学家学术论文里高深的专业词汇，而是时刻都在影响我们一言一行的一种准则。逻辑的根本目标其实就是反映事物的本质属性，让我们更加客观、理性地看待问题。如法国的哲学家和道德家拉布吕耶尔所说，"逻辑是让人信奉真相的技术"。

对于说服性写作来说，逻辑的合理运用是为了让我们更加严谨、严密地组织内容和论证推理，规范地使用语言，客观理性地进行思考和表达，从而令他人更容易接受和认可我们的观点或理念。

WHAT：使用"逻辑"对信息进行归整

前面说过，复杂论证是一系列推理的综合运用，而在实际工作中，一次说服往往是复杂的，会涉及大量的信息以及一连串的推理。因此，推理是构建说服性写作逻辑特征最核心的要素，也是最基本的保障。我们就重点说一说推理。

推理分为两种形式：演绎推理和归纳推理。

1. 环环相扣的演绎推理

在多数情况下，人们常说的逻辑推理通常都是指"演绎推理"。

演绎推理是根据一般性的前提，推导出针对某一个体或个别特殊情况的结论。这种形式的推理是从一般到特殊的思考过程。

因此，我们可以将演绎论证视为由三个部分构成的整体：前提、结论，以及前提与结论之间的逻辑关系。前提也被称为已知前提、已知条件，它是演绎推理的根本。前提一般揭示的都是事物的一般性规律，是广泛而普遍存在的原理、自然规律以及物理定理等。结论是根据前提推理出的新判断，往往是对某一个体或个别情况的性质反映。前提和结论之间的逻辑关系则需要严格遵循逻辑规则才能使推理成立。

平日里，我们在认知这个世界时，逻辑严密的演绎推理就是最重要的工具之一，它帮助我们通过一般性的规律来认知特殊的个体。

演绎论证包含多种形式，其中最重要、最常见的是"三段论"式，如下图所示，它也是我们说服性写作演绎论证运用的主要形式。

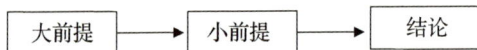

```
大前提  ──→  小前提  ──→  结论
```

"三段论"由大前提、小前提和结论三部分组成。"大前提"通常是某个已知的一般性原理，如某种规律、法则、定理或定律等，反映了一般性规律。"小前提"反映的是我们需要研究的特殊情况或个体。"结论"则是由一般性原理引申出的针对特殊情况或个体的判断，由逻辑推理的方式得出。

例如：

```
金属都导电        铁是金属        铁能导电
（大前提）  ──→  （小前提）  ──→  （结论）
```

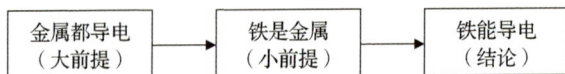

要判断一个三段论推理是否正确，主要从两个方面考察。

一是前提必须真实。无论是大前提还是小前提，其内容必须符合客观事实。不真实的前提得出的也必然是不真实的结论。

二是推理过程要合乎逻辑，或者说推理形式要有效。

总而言之，"前提真实"和"形式有效"是三段论成立的必要条件。在使用这一推理形式时，必须严格遵循其中的逻辑规则。

2. 寻找共性的归纳推理

"归纳"这个词人们也常挂在嘴边，虽然不是刻意从逻辑的角度提出，但其本质也遵循归纳推理。

归纳推理是人们以一系列的经验事物或知识素材为依据，寻找其服从的基本规律或共同规律，并假设同类事物中的其他事物也服从这些规律，从而将这些规律作为预测同类事物的其他事物的基本原理的一种认知方法。

因此，归纳推理是从个别事物推导出一般结论的过程，如下图所示。

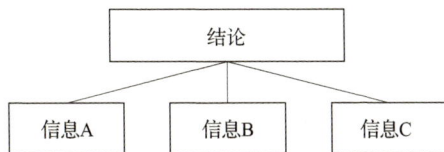

归纳推理分为两种类型：完全归纳法和不完全归纳法，其中，不完全归纳法又分为简单枚举法和科学归纳法，如下表所示。

完全归纳法		是从一类事物中每个事物都具有某种属性，推出这类事物全都具有这种属性的推理方法
不完全归纳法	简单枚举法	根据某类事物的部分对象具有某种属性，从而推出这类事物的所有对象都具有这种属性的推理方法
	科学归纳法	依据某类事物的部分对象都具有某种属性，并分析出制约着这种情况的原因，从而推出这类事物普遍具有这种属性的推理方法

无论是哪种归纳法，其思路框架主要包括以下三个方面：

一是搜集和积累一系列事物经验或知识素材，可以简单概括为"搜集信息"；

二是分析所得材料的基本性质和特点，寻找其服从的基本规律或共同规律，同样可以概括为"寻找共性"；

三是描述和概括（做出系统化判断）所得材料的规律和特点，从而将这些规律作为预测同类事物的其他事物的基本原理，我们可以将这一步视为"形成概念"。

我们这里主要讨论的是归纳推理中的简单枚举法。因为在日常生活和工作的沟通表达中，我们实际使用最广泛的是"简单枚举法"。例如，金导电、银导电、铜导电、铁导电、锡导电，所以一切金属都导电，如下图所示。前提中列举的"金、银、铜、铁、锡"等部分金属都具有导电的属性，从而推导出"一切金属都导电"的结论。

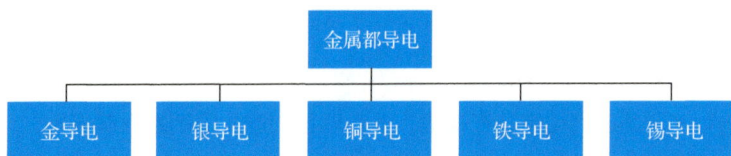

虽然简单枚举法不是那么严谨甚至科学，但对于我们应对小概率和偶发性事件是足够的，而且是必需的。我们面对的世界太复杂，无法也不可能对所有的认知对象进行研究并得出结论，简单枚举法的存在是有其实际意义和价值的。

运用简单枚举法要尽可能多地考察被归纳的某类事物的对象，考察的对象越多，结论的可靠性越大。否则，容易出现"以偏概全"的逻辑错误。

无论使用的是演绎推理还是归纳推理，我们的目的都是为了强化表达的逻辑性，从而使内容更具有说服力。

再看看上一步骤 STEP-2 疑问—回答环节小周的案例，通过"疑问—回答"的方法他已经做到了换位思考，形成了一个站在对方角度考虑问题的基本框架：

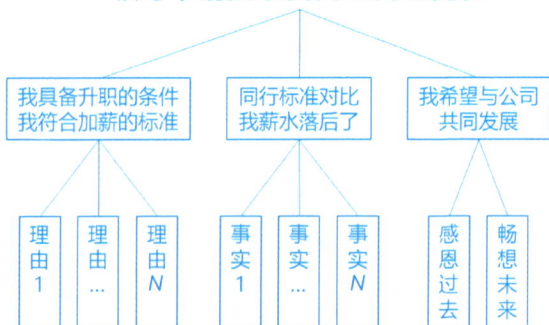

单从这个结构图上看，虽然有了"换位思考"，但总感觉整体显得比较"零散"。尤其是第二个层次，"符合加薪的标准""薪水落后""与公司共同发展"这三者之间有什么关系呢？看不出明显的逻辑关系。这样一来，内容的整体性和逻辑性就不强。当内容显得很"涣散"的时候，说服力就会大打折扣。如何将零散的内容"凝聚"起来呢？这就需要"逻辑"来梳理了。

我们尝试用演绎和归纳两种方式对小周的内容进行梳理，看看会有一些什么变化。

首先使用演绎推理：

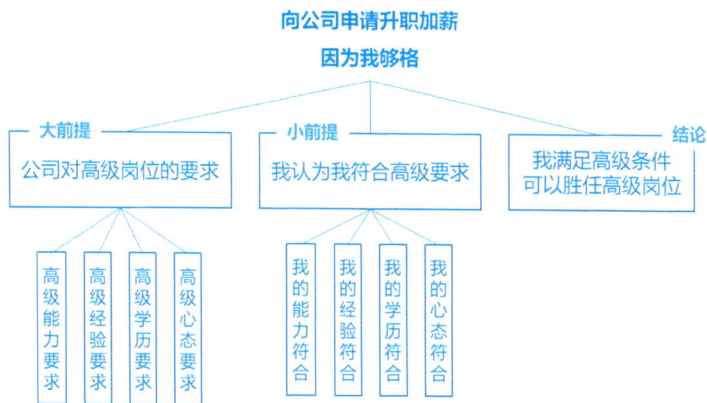

大前提是公司对担任高级岗位所设定的要求，换句话说，想要得到高级职位必须达到这些要求。小前提是小周认为自己各方面的能力都已经达到公司要求的水平。最后得出结论"我能胜任高级岗位"。完整地说下来就是"胜任高级岗位必须满足这四个方面的要求，我的能力已经符合要求，因此我可以胜任该高级岗位"。我们对整个推理过程进一步概括，则向上形成一个整体的结论"申请升职加薪，因为我能胜任高级岗位"。

再看看归纳推理的方式：

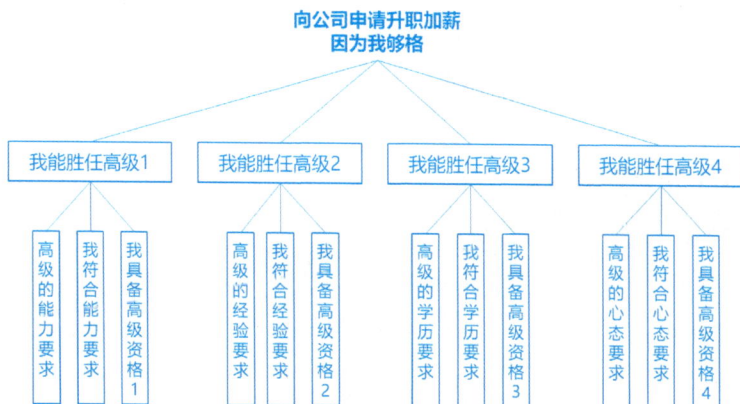

这个结构图分为三层，首先看上面两个层次。前提是"我符合高级岗位的要求1，……，符合要求4"，得出结论"申请升职加薪，因为我能胜任高级岗位"。这个推理方式与前面"金属导电"的例子一样，都是典型的归纳推理。到了第三层大家会发现，变成了演绎推理。也就是说，上面归纳推理的"前提"恰恰是下面演绎推理的"结论"。在实际应用中，演绎和归纳这两种推理方式并不是"一刀切"式的完全割裂，而是相辅相成，互相印证。

通过两种推理形式应用的对比，大家可以体会一下前后的差异。无论是演绎还是归纳，经过逻辑化的梳理，整个内容都变得更加系统而富有条理。这种"条理"让人一眼就能看出你所要传递的信息之间的逻辑论证关系：原本是"混为一谈"的信息被分为"前提"和"结论"，一层一层地形成遵循逻辑规则的推理。如此一来，不仅内容变得清晰明确、富有逻辑、重点突出，而且很大程度地增强了说服力。

3. 语言同样重要

需要特别提出的是，虽然我们重点强调了逻辑，但"语言"的使用是同等重要的。语言和逻辑密不可分，逻辑对于说服的有效性和可靠性来说固然重要，但语言的规范使用同样不容忽视。

由于各方面原因，国人在语言的严谨性、明确性方面的训练和关注较为缺乏，所以我们经常会看到一个人在表达（包括口头和书面）时模棱两可、含糊不清，并由此引发很多的逻辑谬误，最后造成沟通上的误会。

在此，我们要强调语言使用的基本准则：清晰、明确、具体。

- **清晰**：不要使用模糊不清、模棱两可的词语和概念。如有必要，须对概念进行说明澄清，增加对概念内涵的描述。
- **明确**：明确实际上也包含有清晰的意思，但这里我们更强调"观点明确"。也就是说要明确地表达出"结论"，表明自己的立场、态度，避免言之无物，流于形式。
- **具体**：用细致准确的事实和数据说话，避免过于抽象和笼统。细节的描述能增强说服力。

HOW：他山之石，可以攻玉

案例 1

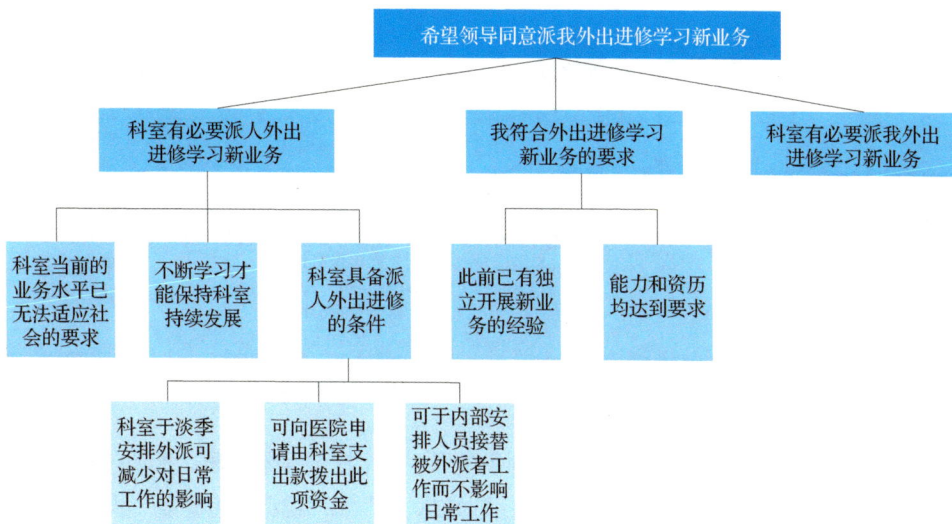

解析：

第二层是一个明显的演绎推理，大前提是"科室有必要派人外出进修学习"，小前提是"我符合……要求"，结论则是"科室有必要派我外出学习"。格式上没有问题，但内容出问题了。问题出在大前提上。根据本案例的意思，想要达到的说服结果是科室能派"我"出去学习，而不是别人。但是目前的大前提却是指向另一个问题"科室是否应该派人出去学习？"一错皆错，大前提下面的"理由"其实都是在进一步说明"科室应该派人出去学习"，而不是"科室应该派我出去学习"。怎么说合适呢？可以改为"科室应该派一个如何如何的人出去学习"，然后紧跟小前提"我就是这样的人"，这样才能顺理成章得出最后他想要的结论。

其实，在大前提下面两层归纳的部分做得不错，可惜大的方向错了，下面做得再好也没有作用了。

案例 2

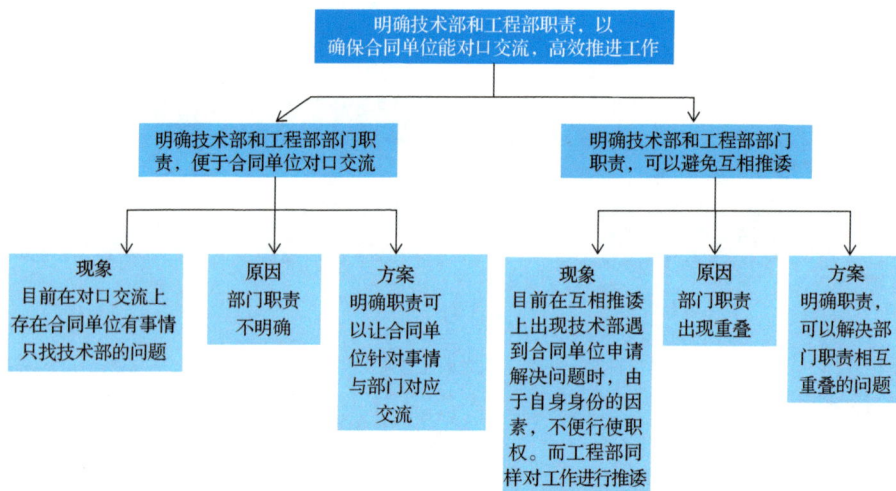

很清晰的结构，上层是归纳，下层则是演绎，整个框架搭得很好。细节方面，最上层的核心结论还可以再进一步概括一下。"对口交流"和"避免互相推诿"能导向一个共同的结果吗？从内容看出，"高效推进工作"似乎就是最终的结果。因此，核心结论可以直接改为"明确技术部、工程部职责，高效推进工作"。

案例 3

修改前：

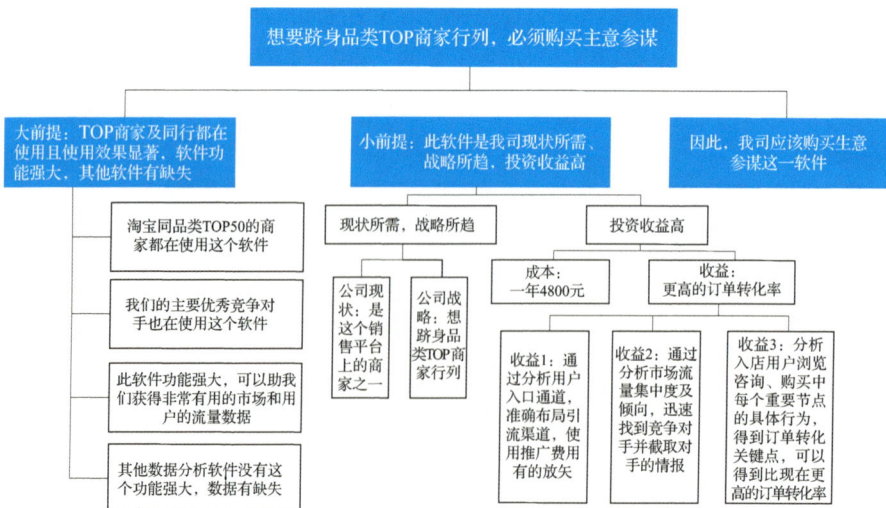

修改后：

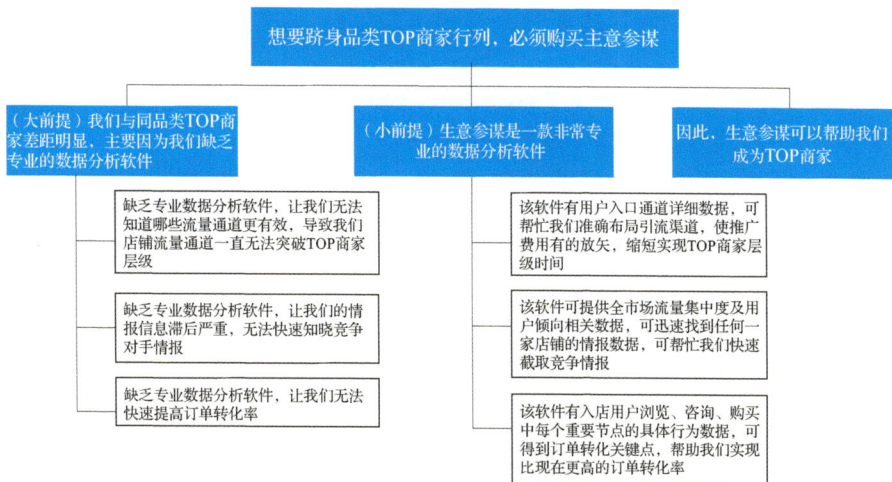

```
            想要跻身品类TOP商家行列，必须购买主意参谋

（大前提）我们与同品类TOP商      （小前提）生意参谋是一款非常      因此，生意参谋可以帮助我们
家差距明显，主要因为我们缺乏      专业的数据分析软件              成为TOP商家
专业的数据分析软件

  缺乏专业数据分析软件，让我们无法        该软件有用户入口通道详细数据，可
  知道哪些流量通道更有效，导致我们        帮忙我们准确布局引流渠道，使推广
  店铺流量通道一直无法突破TOP商家        费用有的放矢，缩短实现TOP商家层
  层级                                  级时间

  缺乏专业数据分析软件，让我们的情        该软件可提供全市场流量集中度及用
  报信息滞后严重，无法快速知晓竞争        户倾向相关数据，可迅速找到任何一
  对手情报                              家店铺的情报数据，可帮忙我们快速
                                       截取竞争情报

  缺乏专业数据分析软件，让我们无法        该软件有入店用户浏览、咨询、购买
  快速提高订单转化率                    中每个重要节点的具体行为数据，可
                                       得到订单转化关键点，帮助我们实现
                                       比现在更高的订单转化率
```

这是同一个内容修改前后的对比。首先，不看具体内容，只比较结构图所呈现出的
状态。先看修改后的，第二层是明显的三段论，往下第三层大前提、小前提下面分别是
三项信息构成的归纳结构。整个框架显得简洁清晰，干脆利落。再回头看修改前，尤其
是"小前提"下面部分，横向延伸出许多分支，纵向则形成了三个层次，整个结构显
得复杂而臃肿。

再看内容。修改前第二层的大前提是"TOP 商家及同行都在使用某软件，且效果显著。
这个软件功能强大，其他软件则有缺失"，小前提是"这个软件无论是从公司现状还是
从战略看，都是需要的，而且投资收益高"，由此得出结论"公司应该购买这个软件"。
我们把大前提、小前提拆开，以结构图的形式看：

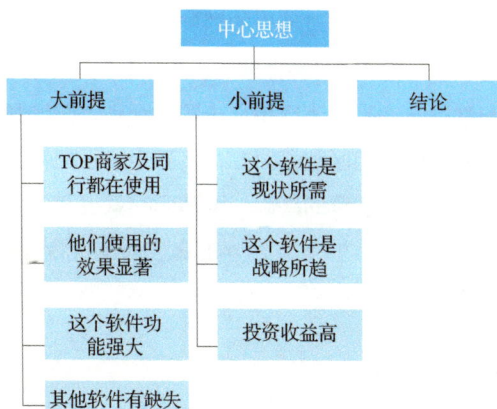

```
              中心思想

    大前提        小前提        结论

  TOP商家及同     这个软件是
  行都在使用      现状所需

  他们使用的      这个软件是
  效果显著        战略所趋

  这个软件功      投资收益高
  能强大

  其他软件有缺失
```

通过这样的形式相信大家不难看出，实际上他的大前提和小前提里面的关键信息，拆解开重新组合到一起就可以共同形成一个归纳的推理：

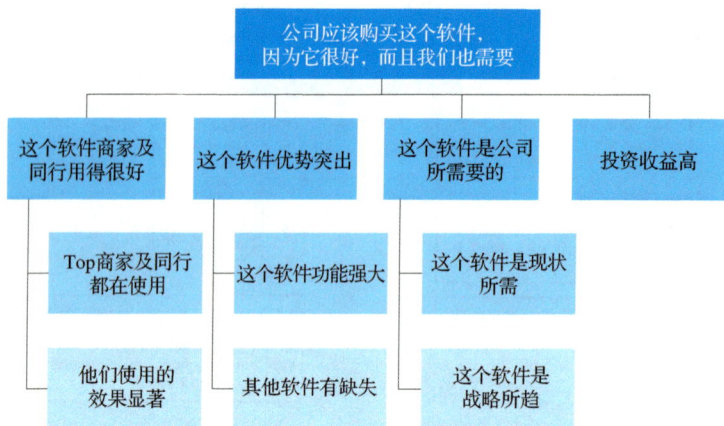

这就成了整个框架都是归纳结构形成，最终也通过一个个的归纳推理来完成本次说服。

如果要使用三段论的形式，那么大、小前提就需要调整。因为修改前的大前提没有对小前提形成"包含"，两者之间是割裂的，并没有交集，所以有了修改后的那种结构，大前提变成了"我们落后的原因是缺乏一个专业的软件"，小前提变为"这个软件就是能帮助我们提升的专业软件"，这样就能合理地得出最后的结论"某软件可以帮助我们改变落后的局面"。

Tips：良好思维离不开逻辑

演绎推理和归纳推理不只是写作过程中的两种逻辑思维方式，可以说它们是人类认知世界的两大思维模式，正确地了解两种推理的运作机制是非常有意义和有价值的。

传统区分演绎和归纳的方法是，演绎是从一般到个别，归纳则恰恰相反，是从个别到一般，如下图所示。两者既互相区别和对立，又互相联系和补充，它们相互之间的辩证关系表现为：一方面，归纳是演绎的基础，没有归纳就没有演绎；另一方面，演绎是归纳的前导，没有演绎也就没有归纳。一切科学的真理都是归纳和演绎辩证统一的产物，两者相互依存，相辅相成。

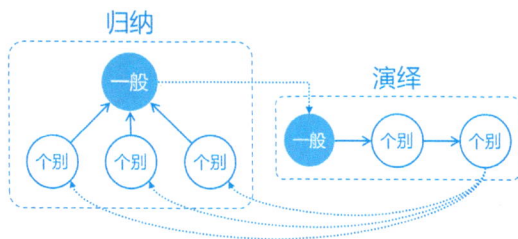

两种方式理解起来容易（从我们实际辅导来看，要真正理解也不太容易），但要做到在写作中熟练运用不易，需要大量的练习和实践才能准确掌握。从案例 3 可以看出，合理的逻辑运用能让我们的表达更加简洁高效。而简洁的背后不是简单粗暴的信息删减，而是将关注点更加聚焦于关键信息的表达和呈现上。留取本质的、核心的部分，剔除非本质、非核心的内容，最终形成一篇重点突出、主次分明、条理清晰的文章。

IF：深度学习离不开独立思考

问题 1：在与本环节内容相关的方面，您进行实际写作时是否存在困惑？有哪些困惑？

问题 2：本小节主要讲了哪些核心内容？请使用您自己的语言进行概括。

问题 3：看完本小节的内容，您有什么样的感受？

问题 4：对于作者的观点，哪些讲得好，哪些讲得不好？不好的部分您觉得应该如何讲更好？

问题 5：在您的实际工作中，您是如何处理类似场景下遇到的问题？

问题 6：您觉得本小节的方法可以如何应用到您的实际工作（或学习）中？

实践任务

任务 1：请针对本小节主要内容及核心知识点，画出金字塔结构图（或思维脑图）。

任务 2：请选择实际工作中"说服他人"场景下的某个写作主题，采用本小节对应的方法进行一次完整的写作。必须包括明确的观点，通过"疑问 – 回答"法构建框架，各使用至少一次演绎推理和归纳推理。（也可使用曾经写过的主题，采用本小节的方法对其进行重新梳理。）

四、有力汇报方案：写出有价值、有力度的方案

WHY：结构化写作的底层逻辑

除了传递信息、总结工作和说服他人外，"方案"的撰写也是职场写作的一个关键的应用场景。对"方案"的解释多为"进行工作的具体计划或对某一问题制定的规划"。这里我们所说的方案侧重于"解决问题"的方案，通过这样的方案向他人展示自己对问题的分析过程，并提出相应的解决方法。

身在职场，可以说无时无刻不在面对问题并解决问题。解决问题的能力对于职场人士的重要性不言而喻。不过，同样重要的还有"表达呈现"的能力。大多数情况下，仅仅是自己有想法、自己知道如何解决问题是远远不够的，你还需要把分析问题和找到解决方法的过程"说"出来，以便让他人也知道你的思路，如下图所示。然后对方才能跟你一起交流探讨，一起寻求解决之道，甚至花钱购买你的"方案"，所以我们有了那句"你的方案也能价值百万"。

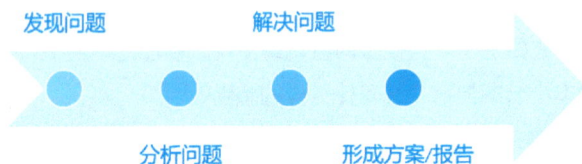

但往往问题也就出在这里。从"自己知道"到"让别人知道"并非一个水到渠成的过程。很多人善于分析问题并提出解决方案，可一旦让他把整个过程写下来向他人展示，他就会觉得苦不堪言。

实际上，这是一个隐性知识显性化的过程。对个体而言，"藏"在大脑中的自我知识即为隐性知识，这种隐性知识甚至只是以一种意识形态存在，可能连我们自己都不能意识到它的存在。如此一来，如果想让他人也清楚地了解到自己的想法，就必须显性化。从隐性到显性需要一个"转化机制"，这个机制帮助我们提取、梳理和加工大脑中的信息，用语言和某种结构让隐性信息清晰而富有逻辑地显现出来。

结构思考力理论体系就是这样一个"转化机制"，而其核心理念则体现在"三层次模型"上。

结构思考力"三层次模型"首先在《透过结构看世界》一书提出。该模型由理解、重构和呈现三个层次构成，如下图所示。如果说一套理论内化为理念，外化为模型，那

么它所承载的核心理念就是"透过结构看世界"，也就是从"结构"的视角看待我们所面对的事物和面临的问题。

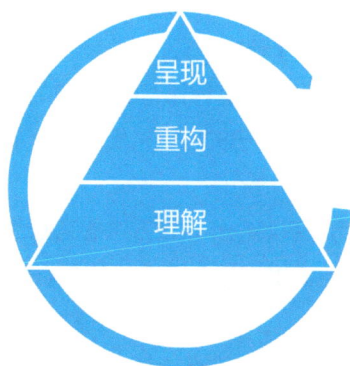

结构思考力理论体系构建在三层次模型的基础之上，从人的心智模式层面解构思维方式和思考的过程，试图从"结构"维度建立起一套帮助人们完善和提升思维品质的方法。

在实际应用中，三层次模型对应了思考或表达的三个步骤，如下表所示。

结构思考力三层次模型	理解	隐性思维显性化	察觉自己和他人的思考结构，并评估
	重构	显性思维结构化	对原有思考结构进行重构，优化完善
	呈现	结构思维形象化	使优化后的思考结构得以形象化呈现

第一步理解，即察觉自己和他人思考结构的存在，然后评估这样的思考结构是否符合现在的客观环境，要求人们将日常生活中不曾留意的思考结构显性化。

第二步重构，当现有的思考结构不能符合客观环境时，我们需要针对眼前的问题或决策重构一个合适的思考结构。虽然这个临时的思考结构不会像固有的思考结构那样深刻，但同样有助于我们解决问题和决策。

第三步呈现，当我们已经重构出新的思考结构时，需要运用形象化的方式呈现现有的思考结构，从而更直观地让自己和对方能够理解。

关于三层次模型，《透过结构看世界》已进行深入分析，此处不再赘述。

那么在方案写作时，如何做到从"自己知道"到"让别人知道"的转换呢？此时就要调用三层次模型作为写作的底层框架。

WHAT：五个步骤写出系统全面的方案

如果说"三层次模型"是一种底层逻辑，那么基于这一逻辑我们就可以构建出适应于各类不同环境需求的工具和方法。针对沟通表达（尤其是书面表达），我们提炼出了这样一套方法。这一方法共分为五个步骤进行，其中包含了从主题到框架、从框架到内容，最后将内容进行形象化视觉呈现的一整套理论、工具和技巧。这套方法旨在帮助人们从"结构"的角度，快速而有条理地梳理自己的思路，组织语言及信息素材，最终形成清晰且富有逻辑的表达内容。

我们现在将这套方法应用于职场写作，该方法的完整性和系统性与"问题解决"场景下的方案写作之需求高度吻合，非常适合用于大型方案的构思与写作。

五个步骤如下：

- 第一步 描述问题定方向：挖掘需求，锁定写作方向
- 第二步 基于目标定主题：以终为始，紧盯方案目标
- 第三步 纵向结构分层次：纵向梳理，形成初步框架
- 第四步 横向结构选顺序：梳理逻辑，厘清表达思路
- 第五步 形象表达做演示：图文并茂更能打动人心

这五个步骤可以是结构思考力"三层次模型"在表达场景下的应用形式，也是"透过结构看世界"理念的良好体现。如下图所示。

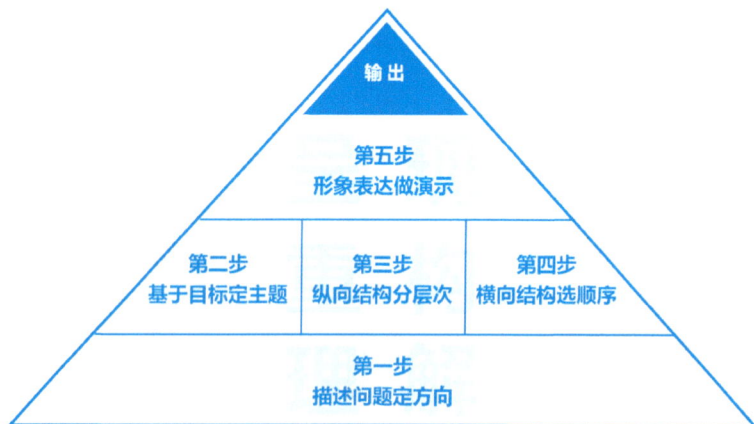

第一步，描述问题定方向，位于"理解"层。要求我们在正式动手写作前，首先要对"问题"进行基本的分析，做到"心中有数"后才能开始着手内容的构思。本质上则是"理解"现状。

　　第二层包含了三个步骤，"基于目标定主题→纵向结构分层次→横向结构选顺序"。通过这三步要完成对核心内容的梳理，包括主题的设计、框架的搭建、素材的组织，最终将大量碎片化的信息通过结构化的方式梳理为一个有机的整体。

　　最后，是位于"呈现"层的第五步，形象表达做演示。我们常说人们从外界获取信息有 80% 是通过视觉完成的，那是不是意味着，只需要让他人的眼睛能够看到，我们的工作就算完成了呢？实则不然。对于职场表达来说，视觉化的核心是"形象化"。也就是说，不仅要对方看到，还要看得生动而形象，最好"过目不忘"。这就需要我们对内容做特殊的处理：

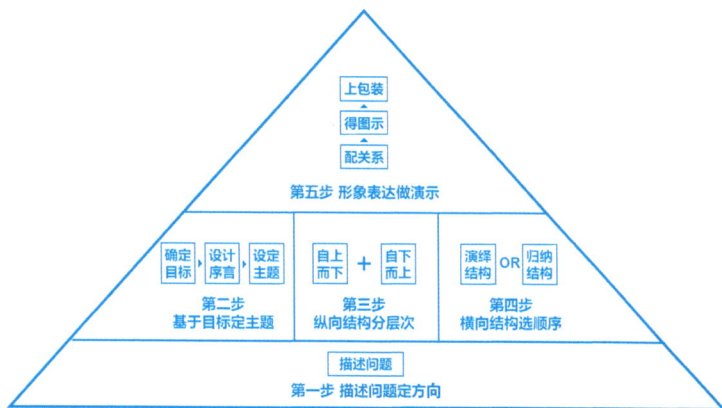

　　与前面三类场景的"三个步骤"不同，最后这个方案写作的场景将通过五步完成。在正式进入方案写作场景之前，我们有必要对前面三类场景中的方法和工具做一个总结回顾：

清晰传递信息	STEP-1 设计标题	SPA（简单明确、利益相关、准确客观）
	STEP-2 撰写序言	SCQA（背景、冲突、疑问、回答）
	STEP-3 展开内容	并列式、层进式（2W1H）
准确总结工作	STEP-1 成果归类	"行动—成果"表；开放式、封闭式分类
	STEP-2 排序整理	时间顺序、重要顺序、结构顺序
	STEP-3 总结概括	信息摘要法、逻辑推论法
充分说服他人	STEP-1 明确观点	WA 目标法
	STEP-2 疑问回答	疑问—回答（5W2H）
	STEP-3 逻辑归整	演绎推理、归纳推理

实际上，结构化写作的核心知识点（概念、方法和工具）已经通过这三类场景下写作方法的讲解全部展现出来了。在接下来的"方案写作"中大家会发现，这些方法将会再次出现。其中，极个别的工具在使用方法上还会产生变化。

另外，前三类场景我们在讲解时，针对每一个步骤都从"WHY、WHAT、HOW、IF"四个维度展开，如下图所示。

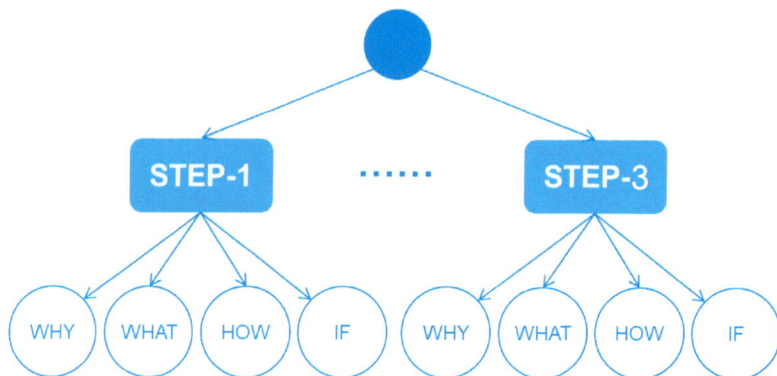

在当前"方案写作"中，我们会改变结构：五个步骤将全部置于"WHAT"之中，如下图所示。这是因为，核心知识点在前面三类场景中已经详细介绍过，在最后一个场景，我们主要是用一个更完整、更系统的逻辑框架将所有的方法归拢到一起。因此，本场景下的方法应用，我们主要侧重于"整体性"思考。

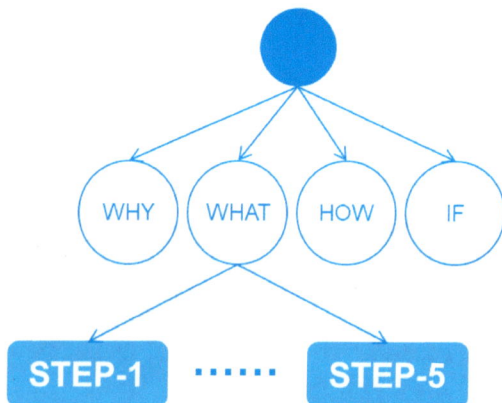

另外，为了便于大家理解，同时考虑到内容的连贯性和整体性，本场景的五个步骤将使用同一个案例贯穿始终。这样大家对方法的应用能形成更为系统的认知和更深刻的理解。

1. 第一步：描述问题定方向：挖掘需求，锁定写作方向

首先，我们看老王的案例。

> 某区政府公务员老王在分管经济的领导手下工作。领导刚刚分配了一个任务给他，让他针对本区中小企业融资难的问题写一个方案，要有深刻的分析和对应的措施。下周上级机关下来检查工作，老王的领导需要在会议上做方案汇报……

老王遇到的这种情况在职场中会经常出现。

"**发现问题→分析问题→撰写方案→汇报方案→方案通过→执行方案**"，这是与解决问题有关的常规流程。以发现问题为起点，以解决问题为终点。而方案是其中不可或缺的，承载了重要的作用。方案质量的高低也对整个流程的运行产生很大的影响。高质量的方案让流程参与者能快速、准确地了解关键信息，对问题分析和解决的整个框架也能清晰有效地呈现。而低质量的方案就属于"搅局者"，不仅原有问题没有解释清楚，可能还为流程的运行带来新的问题。

回到老王这边。虽然时间紧迫，但老王很清醒，也非常冷静。他没有急于动手，而是想着应该先把"问题"理一遍，先弄清楚要解决的到底是一个什么样的"问题"？

我们说，老王的做法是对的。还没有弄清楚问题到底是什么就开始动手"解决"问题者，大有人在。在我们身边，总有一些人整天嚷嚷着要"解决"问题，可是你问他，你要解决的"问题"是什么呢？一般会出现两种情况：一是顿时傻眼，回过神来一琢磨，还真不清楚问题是什么；二是依稀大概知道，但说出来却模棱两可，混乱不堪。

美国哲学家、教育家，实用主义的集大成者约翰·杜威（John Dewey）说过，"把问题说清楚，就等于解决了一半"。

把问题"说清楚"的背后是你已经看清了问题的本质，找准了解决问题的方案。要真正做到"说清楚"，其实不容易。

如何把问题"说"清楚呢？

还记得我们在本篇第三部分"充分说服他人"场景中使用过的5W2H模型吗？没错，现在我们又要用到它了，如下表所示。在"说服他人"时，5W2H用来指引我们换位思考设想问题。在方案写作中，它将帮助我们全面地描述问题。

对问题的解决方案	......	
问题方向	参考问题	对问题的描述
What	什么东西发生了什么问题？	......
Who	谁发现？谁负责？谁处理？	......
Why	为什么这个成为了一个问题？	......
When	什么时候发生的／发现的？	......
Where	在哪里发生的／发现的？	......
How	问题是如何发生的？	......
How much	多少事物出了问题？问题出到什么程度？数量如何？	......

What：什么发生了问题

什么事物出现了问题？产品、设备、人员、软件或服务等。需要特别说明的是，这里不是描述发生了什么事情，而是描述发生问题的那个"对象"。

Who：谁跟问题有关

主要描述与问题有关的人员，如：谁发现了问题？问题相关者都有谁？谁为问题负责？谁来处理？谁来监督？谁来协助？

Why：为什么成为问题

这里需要注意，此处不是解释问题为什么发生，而是要解释为什么会称之为一个问题，不要混淆了。

Where：在何处发生

在什么地方出现了问题？问题发生在哪里？

When：何时

什么时候发生的问题？之前发生过吗？问题持续了多长时间？

How：如何发生

问题是如何发生的？主要描述问题产生的方式。

How much：问题发生的程度

这里主要描述问题发生的程度、量、影响范围，如：问题严重程度？发生的量有多大？问题造成了多大的损失？问题出现的次数？问题的范围？相关费用？

看以下示例：

对问题的解决方案	向人力资源部申请再招聘 12 名装卸工
问题方向	对问题的描述
What	货物装卸无法在规定时间内完成
Why	人手不足
When	这个月初开始
Where	仓库
Who	装卸工
How	业务量增长后，装卸量增长了 20%
How much	出现了 8 次装卸时间延误；装卸工每天加班超过 3 小时

5W2H 模型有什么优势呢？除了准确界定、清晰地描述问题外，实际上它是帮助我们从本质上看问题。5W2H 从七个维度构建起看待问题的大框架，让我们全面系统地思考问题，并且减少遗漏。同时，方法简单，易于操作。

老王用 5W2H 对他的问题进行了如下描述：

问题方向	对问题的描述
What	本区中小企业的融资
Why	企业融不到充足资金就难以快速发展
When	近两年
Where	本区
Who	中小企业的问题，政府、银行是相关者
How	随着市场环境和政策调整
How much	占本区中小企业总数的 80%

可以将问题描述为：近两年，市场环境的变化和政策的调整，让本区中小企业融资难的问题日益凸显。企业得不到资金支持就不能快速发展。产生这一问题除了企业自身的原因外，银行和政府都与此息息相关。

当然，这里只是一个简单的示范。在实际应用中，对问题描述得越具体详细，越是接近本质，也就意味着你对问题的认识和理解越深刻。那么在后面的写作中，目标就会更加清晰，方向也会更明确。

2．第二步：基于目标定主题：以终为始，紧盯方案目标

在清楚地描述问题后，老王对当前面临的问题有了更清晰的认识，对方案的内容依稀有了大概的轮廓。老王觉得可以开始构造方案的"外围"了。所谓外围，其实就是核心内容以外的部分，包括目标、主题和序言，如下图所示。

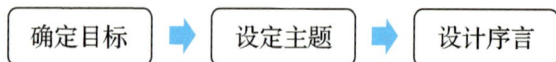

确定目标 ➡ 设定主题 ➡ 设计序言

（1）确定目标

依然使用 WA 目标法来明确目标，如下图所示。

我们回顾一下 WA 目标法：希望 W 在看完我写的内容之后，能够做到 A（"同意 / 认可 / 采纳 / 接受"我的"观点 / 建议 / 立场 / 态度"，采取或实施我期望的"行动 / 措施 / 行为"）。

老王梳理出自己的目标：

> W：上级机关领导
> A：清楚地了解我们对"中小企业融资难"问题的解决思路，并认可方案

完整表达出来就是：希望上级机关领导看完方案（或听完方案汇报）后，能清楚地了解我们对"中小企业融资难"问题的解决思路，并认可方案。

（2）设定主题

老王对于这个方案的写作形成了清晰的目标，他已经知道自己要写什么内容了。现在，老王要为自己的方案设定一个响亮的标题，于是他调用了 SPA 原则，如下图所示。

老王想了想，他的目标是让领导"能清楚地了解我们对'中小企业融资难'问题的解决思路"，所以方案的标题要简单直接，让领导一看就知道他们准备做什么，以及能取得什么成效。其实，有很多途径能够帮助中小企业解决融资问题，比如，政府、银行，以及企业自身。它们有个共同点——都能帮助企业突破融资瓶颈。突破瓶颈就能获得充足的资金来源，这样企业发展在资金方面就没有制约了。经过一番思考，老王确定了自己的标题：

> 企业、银行和政府三方多措并举，突破中小企业融资瓶颈

（3）设计序言

老王想着，接下来该写一段"序言"作为方案的"开场白"了。毕竟上级机关领导对实际情况及相关背景都不太了解，需要简单地向他们介绍一下。另外，也要引导一下领导的思路，让他们将关注点聚焦在他所"设定"的主题上。怎么写才好呢？

老王想到了"SCQA"：

老王选择了 SCQA 的标准式写出了序言：

> 　　近年来，我区中小企业数量迅速增加，素质不断提高，活力明显增强，为促进经济增长、推动技术创新、增加地方财政收入、社会就业起到了重要作用，已成为我区国民经济的重要组成部分。然而，随着世界金融形势的恶化，国内金融政策的进一步调整，我区中小企业融资难成为了制约中小企业发展的主要问题之一。如何帮助中小企业解决问题？可以企业、银行、政府三方多措并举，突破中小企业融资瓶颈，助力他们快速发展。

至此，方案的"外围"部分就全部完工了。

眼看马上就要开始写方案的核心内容，老王此时却停下了。他感觉自己大脑中缺少一个"框架"，一个可以指引他谋篇布局的框架。老王认为应该构思一下，不能"急于求成"，立刻进入细节的描述，而是得先把整个方案的"骨架"画出来，然后再往里面填充内容。

没错，老王想的"框架""骨架"就是方案的"结构图"。芭芭拉·明托的研究已经告诉我们，一篇条理清晰的文章背后一定有一个"金字塔结构"在支撑，而这篇文章也一定是符合四个基本原则的。这也是结构思考力一直强调的"先框架，再细节"的思考理念。

如何为自己的方案搭建"框架"呢？如何画出符合四个基本原则的金字塔结构图呢？

前面我们说过，通过四个基本原则构建起来的，是一种纵向与横向相结合的思维结构。也就是说，我们必须从纵、横两个方向去思考如何搭建结构。

这其中也有先后顺序，必须先"纵向"，然后才是"横向"。纵向的梳理是为了形成上下层级之间"层"与"层"的关系，从而形成框架的主干。接着才是通过横向的梳理去厘清信息组内部以及信息组之间的关系。当然，在实际应用中，纵向和横向的梳理并不是"有你无我"的割裂，往往两者会交替进行，或者同时考虑，它们之间是相辅相成的关系。

3．第三步：纵向结构分层次：纵向梳理，形成初步框架

在实际工作中，经常会出现两种情况。一种情况是，面对一个清晰明确的主题，我们要将这个主题展开为完整的内容；另一种情况，我们手头有一堆零散的信息，同样要将它们组织起来成为完整的内容。这两种情况实际上是纵向上的两个细分项，前一种是"自上而下"，后一种则是"自下而上"。

（1）自上而下

"自上而下"是从主题思想开始，老王很自然地想到了"疑问—回答"法。他想着，如果领导看到他的主题，一定会产生很多问题，他只要提前想好这些问题，然后充分回答就可以了。同时，他调用了 2W1H 思考模型，如下图所示。

企业、银行和政府三方多措并举，突破中小企业融资瓶颈

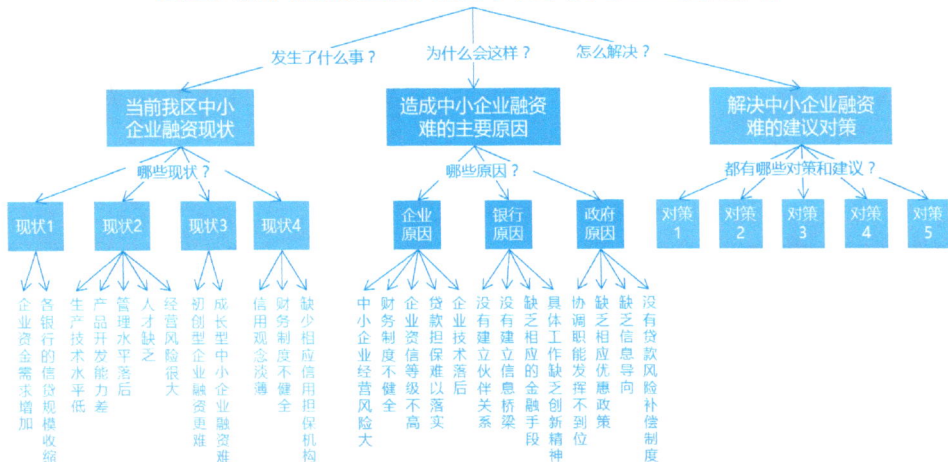

发生了什么事？　　　为什么会这样？　　　怎么解决？

当前我区中小企业融资现状　　造成中小企业融资难的主要原因　　解决中小企业融资难的建议对策

哪些现状？　　　　　哪些原因？　　　　　都有哪些对策和建议？

现状1　现状2　现状3　现状4　　企业原因　银行原因　政府原因　　对策1　对策2　对策3　对策4　对策5

企业资金需求规模收缩
答银行的信贷规模收缩
生产技术水平落后
产品开发能力差
管理水平落后
人才缺乏
经营风险很大
初创型企业融资更难
成长型中小企业融资难
信用观念淡薄
财务制度不健全
缺少相应信用担保机构

中小企业经营风险大
财务制度不健全
企业资金等级不高
贷款担保难以落实
没有建立信息桥梁
没有相应的金融手段
缺乏相应的创新精神
具体工作缺之发挥不到位
协调职能发挥不到位
缺乏相应优惠政策
没有信息导向
没有贷款风险补偿制度

老王采用的其实就是结构思考力的"自上而下"搭建框架的方法，分为三个步骤：第一步，设定主题；第二步，针对主题换位思考，对方可能会提出哪些问题；第三步，回答这些问题，如下图所示。如此，通过设想问题的方式层层深入，最终形成初步的框架。由于这一方式将重点放在对方关注的问题上，因此具有很强的说服力。

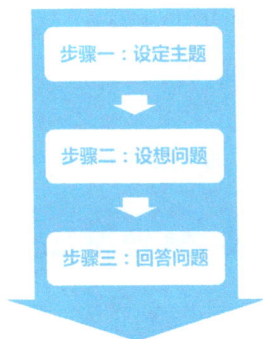

步骤一：设定主题

步骤二：设想问题

步骤三：回答问题

与"疑问—回答"配合使用的是"2W1H"思考模型。如果是复杂的主题，则可调用覆盖面更广的"5W2H"模型。两者本质都是为了使我们在考虑问题的时候更加全面，避免遗漏。

（2）自下而上

老王其实工作经验非常丰富，关于中小企业融资的问题他早就做过深入研究。所以，领到任务后，他很快就列出了一大堆信息：

加快建立我区企业贷款担保公司
建立创业板上市的优先通道
建立中小企业贷款风险补偿制度
积极争取设立小额贷款公司试点
以推进会座谈会等形式推进银企合作
建立中小企业重点项目库
开展好**贷款项目的推荐工作
注重自身的信用品牌建设
讲管理讲效益
没有贷款风险补偿制度
缺乏信息导向
缺乏相应优惠政策
协调职能发挥不到位
具体工作缺乏创新精神
没有建立相应的金融手段
没有建立信息桥梁
缺乏技术落后
企业资信等级不高
贷款担保难以落实
财务制度不健全
中小企业经营风险大
缺少相应信用担保机构
财务制度不健全
信用观念淡薄
经营理念更难
初创型企业融资难
成长型中小企业融资难
经营风险很大
人才缺乏
管理水平落后
产品开发能力差
生产技术水平低
各银行的信贷规模收缩
企业资金需求规模增加

然后他对这些信息进行了处理——分类（同一字体属于同一类）：

最后，老王对这些信息做了进一步分类，然后一层层地向上概括，形成结论。最终，构建出了如下整个框架：

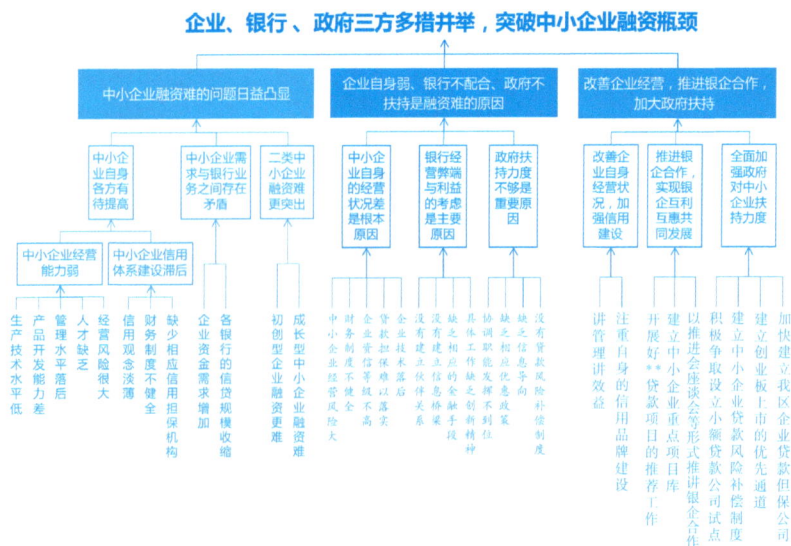

企业、银行、政府三方多措并举，突破中小企业融资瓶颈

这一次，老王采用的则是结构思考力"自下而上"搭建框架的方法，同样分为三个步骤：第一步，罗列信息；第二步，对信息进行分类；第三步，对信息进行概括，并得出结论，如下图所示。很多时候，我们手头有很多信息素材，可能对于最终想要表达什么观点也没有很明确的方向。"自下而上"可以很好地解决这一问题，让我们可以将散乱的信息进行快速归整。

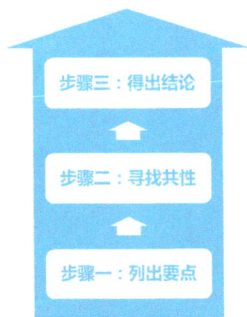

步骤三：得出结论

步骤二：寻找共性

步骤一：列出要点

与"自上而下"一样，"自下而上"其实也属于一种方法框架，在其中的关键步骤都需要调用相关的工具和运用一些技巧。例如第二步，老王是如何寻找共性的呢？他将信息分为两大类，一类偏"静态"，另一类则偏"动态"。静态类信息往往拥有共同的属性或者特征，动态类信息往往是一系列的行动，这些行动能导致或产生相同的结果，如下图所示。

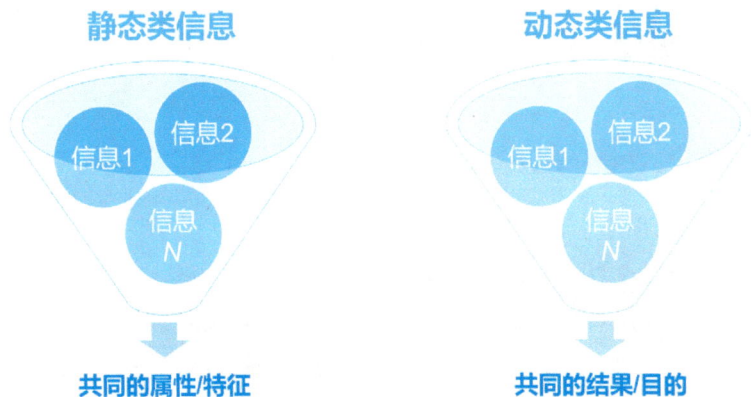

静态类信息

信息1　信息2　信息N

共同的属性/特征

动态类信息

信息1　信息2　信息N

共同的结果/目的

到了第三步，针对这两类信息分别采用"信息摘要法"和"逻辑推论法"概括形成结论。

在有的地方，老王感觉大脑不够用，概括起来很困难，于是他就问自己"我列出了这么多信息，然后呢？"通过这种方式，让自己得出结论。这是形成结论的一个小技巧。

4．第四步：横向结构选顺序：梳理逻辑，厘清表达思路

老王通过对上下层级之间纵向关系的梳理形成了初步的"骨架"，现在，需要对信息组内部以及信息组之间的关系进行梳理。

从系统的眼光看金字塔结构，一个个"信息组"可以视为最小的结构"单元"。信息之间通过某种结构形成信息组，信息组之间又通过横向、纵向的关联组成整个大的结构。

根据信息之间推理论证的关系，我们可以将信息组分为两种：演绎信息组和归纳信息组，如下图所示。

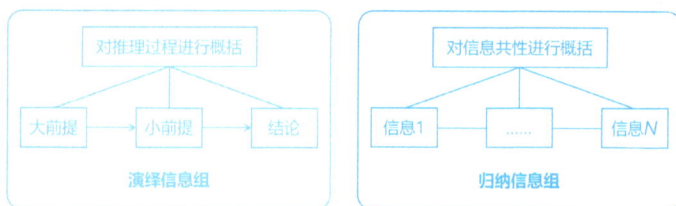

（1）演绎信息组

关于演绎推理，前面我们讲解过重要的"三段论"形式。实际上，还有一种常见的形式我们平时使用很多，那就是"现象－原因－解决方案"，如下图所示。这一形式虽然没有体现出明显的逻辑推理关系，但背后支撑它的依然是三段论演绎推理。

例如：

- 现象：抑郁症患者的消极情绪使患者的生活毫无乐趣。
- 原因：抑郁症患者缺乏大脑神经递质"5－羟色胺"。
- 解决方案："百优解"可以通过选择性增加大脑自身的"5－羟色胺"供给来纠正这种神经递质的缺乏。

其背后隐含了三段论的推理形式，如下：

- 大前提：增加"5－羟色胺"的供给能改善抑郁症的症状。

- 小前提：“百优解”可以选择性增加大脑自身的“5-羟色胺”供给。
- 结论：“百优解”能够有效控制抑郁症的症状。

我们把“大前提—小前提—结论”称为“标准式”三段论，将“现象-原因-解决方案”称为“常见式”三段论，如下图所示。它们都属于演绎推理。

| 标准式 | 大前提 → 小前提 → 结论 |
| 常见式 | 现象 → 原因 → 解决方案 |

这里有必要对演绎信息组的结构进行说明。演绎信息组分为上、下两层，下层即“大前提—小前提—结论”构成的三段论推理，上层则是通过概括形成的“结论”，如下图所示。三段论中的“结论”是根据大、小前提推导出来的，而上层的“结论”则是对整个推理过程概括形成的，这一点需要区别开来。

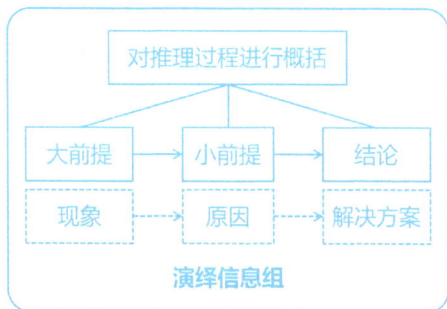

对推理过程进行概括
大前提 → 小前提 → 结论
现象 → 原因 → 解决方案
演绎信息组

（2）归纳信息组

与演绎信息组最大的不同在于，归纳信息组下层的信息之间实际上是“并列”的关系。演绎信息组则是“前因后果”的因果逻辑关系，可以通过“因为，所以”的关键词把前后信息连接起来。

归纳信息组的“结论”可以通过信息摘要法和逻辑推论法得出。关键点是选择合适的标准，找准信息之间接近本质的“共性”，进行合理的概括。

正是由于这些信息的“并列”关系，所以如何富有条理地将它们呈现出来就显得尤为重要。如果不经处理直接罗列出来，很容易造成让人难以理解的局面，因为对方不知道你表达的这些信息之间是什么样的关系。这个时候，就需要思考这些信息按照何种顺序进行排列，才让人更容易理解：

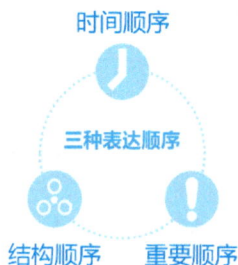

时间顺序

三种表达顺序

结构顺序　重要顺序

对于归纳信息组而言，还有一个地方需要特别注意：那些"并列"的信息务必要遵循 MECE 原则。因为很多人在归纳信息组中经常出现的问题就是，信息之间在概念上互相交叉重叠，或者遗漏重要的关键信息。

回到老王的方案，他决定在第二层，也就是核心骨架上用"常见式"三段论展开，往下的层级上则全部采用归纳的方式，如下图所示。

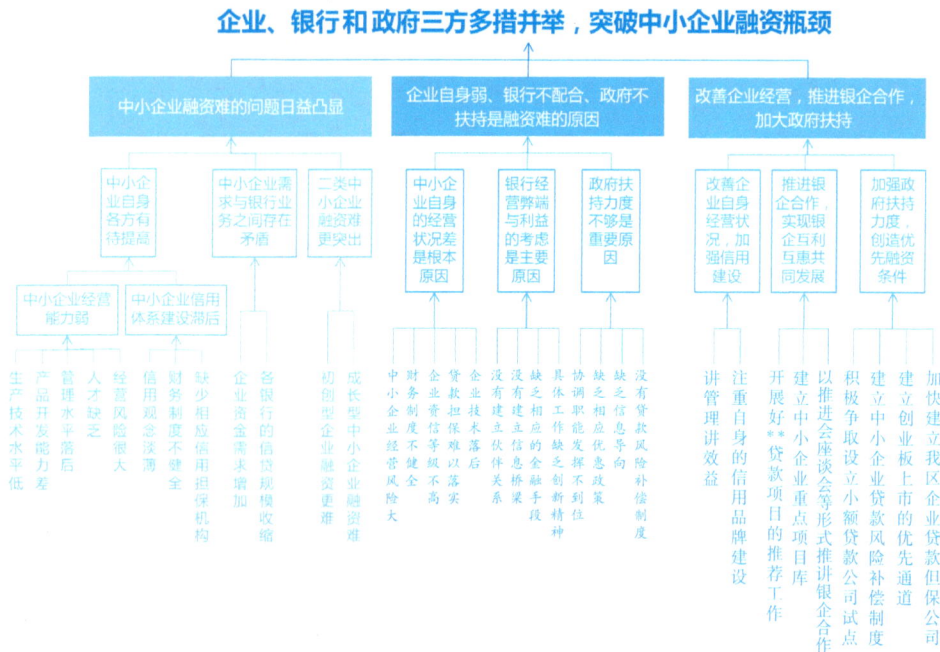

企业、银行和政府三方多措并举，突破中小企业融资瓶颈

从老王的结构图可以看出，造成中小企业融资难的原因主要源于三方面：企业自身、银行和政府，而老王的解决方案也与之一一对应。我们在实际应用时，若采用"现象—原因—解决方案"的形式，也要尽量做到解决方案与原因一一对应，如下图所示。

企业、银行和政府三方多措并举，突破中小企业融资瓶颈

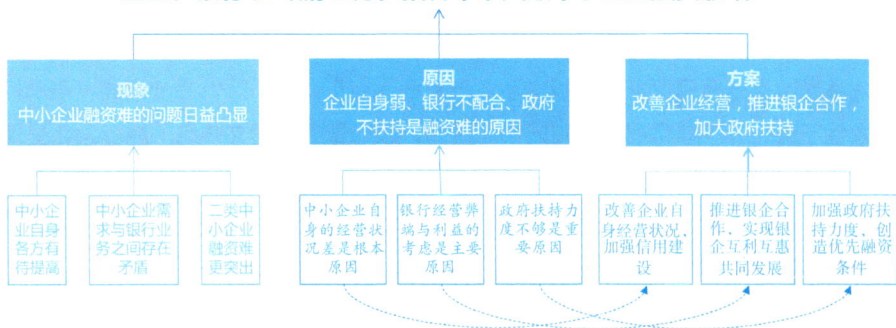

```
                 企业、银行和政府三方多措并举，突破中小企业融资瓶颈

        现象                        原因                        方案
  中小企业融资难的问题日益凸显      企业自身弱、银行不配合、政府      改善企业经营，推进银企合作，
                                   不扶持是融资难的原因             加大政府扶持

  中小企 中小企业需 二类中    中小企业自 银行经营弊 政府扶持力   改善企业自 推进银企合 加强政府扶
  业自身 求与银行业 小企业    身的经营状 端与利益的 度不够是重   身经营状况 作，实现银 持力度，创
  各方有 务之间存在 融资难    况差是根本 考虑是主要 要原因       加强信用建 企互利互惠 造优先融资
  待提高 矛盾      更突出    原因       原因                  设        共同发展    条件
```

下面几个层次都是归纳信息组，因此老王特别注意了"顺序"的问题。"现象"下方的三个信息是按照重要性顺序排列的，"原因"分为企业内部原因和外部原因，属于结构顺序。除此之外，再往下延伸的每一层都要按照一定的顺序进行排列。

到这里，老王的方案已经初具雏形，标题、序言和框架全部完成，如下图所示，剩下的工作就只是根据框架的指引写出完整的方案内容。

企业、银行和政府三方多措并举，突破中小企业融资瓶颈

近年来，我区中小企业数量迅速增加，素质不断提高，活力明显增强，为促进经济增长、推动技术创新、增加地方财政收入、社会就业起到了重要作用，已成为我区国民经济的重要组成部分。然而，随着世界金融形势的恶化，国内金融政策的进一步调整，我区中小企业融资难成为了制约中小企业发展的主要问题之一。如何帮助中小企业解决问题？可以企业、银行和政府三方多措并举，突破中小企业融资瓶颈，助力他们快速发展。

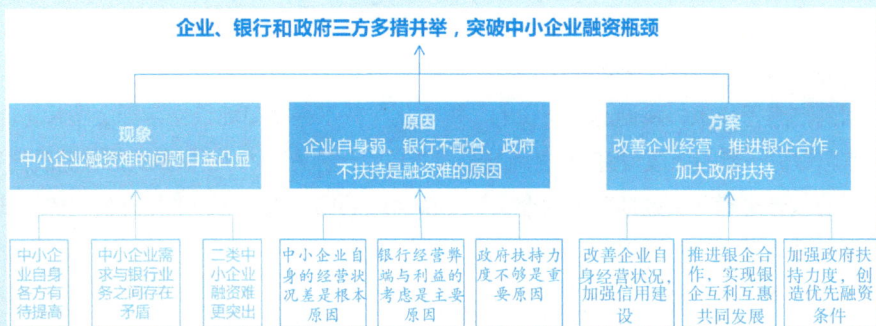

```
                 企业、银行和政府三方多措并举，突破中小企业融资瓶颈

        现象                        原因                        方案
  中小企业融资难的问题日益凸显      企业自身弱、银行不配合、政府      改善企业经营，推进银企合作，
                                   不扶持是融资难的原因             加大政府扶持

  中小企 中小企业需 二类中    中小企业自 银行经营弊 政府扶持力   改善企业自 推进银企合 加强政府扶
  业自身 求与银行业 小企业    身的经营状 端与利益的 度不够是重   身经营状况 作，实现银 持力度，创
  各方有 务之间存在 融资难    况差是根本 考虑是主要 要原因       加强信用建 企互利互惠 造优先融资
  待提高 矛盾      更突出    原因       原因                  设        共同发展    条件
```

5．第五步：形象表达做演示：图文并茂更能打动人心

多数情况下，工作中文案的写作通常选择 Word 和 PPT 两种形式。站在读者的角度，没有人愿意看那些密密麻麻的大段文字。一方面是视觉体验不好，另一方面，信息传递的有效性不强——不容易被理解和记忆。因此，如何做到"图文并茂"地形象化呈现就显得非常重要了。

实际上不仅仅是方案，其他类型的写作都需要对文字做"视觉化"处理，才更容易吸引读者的眼球。

如果这里还要继续强调使用图形的重要性，那可真算是老调重弹了。已有太多的"有识之士"呼吁过，还有常常被人们挂在嘴边的那句"好图胜千言"。

但是，这里我们还是不得不做进一步的说明，因为依然有太多的职场人士忽视图形的运用，从而源源不断地写出让人头疼或令人心烦的大段文字。

爱因斯坦曾说过，他很少用语言思考，如果把视觉图像转化成口头语言和数学术语，会耗费他很多的精力。

笔者以为，爱因斯坦的这段话并不是为了说明语言和文字是无用的。前面我们说过"抽象"的概念，对信息传递而言，图形可以说是对文字的进一步抽象，或者说"视觉化"抽象。这种抽象本质上是一种化繁为简的处理方式——摒弃多余而没有意义的信息，只保留和传递最有效的那一部分。

因此我们说，使用图形可以起到"引导"读者视线和思维的作用。

不仅写作，演讲也是如此。

与过去"干巴巴"的演讲不同，随着科技的进步和条件的成熟，越来越多的人在演讲时都会选择使用 PPT 作为背景，如下图所示。常见如 TED 演讲，另外还有很多知名人士的演讲。无论是推介产品，还是讲述故事，都会出现相应的 PPT 画面来配合。而且他们的 PPT 风格往往非常简洁，一张图片，一句话，或一个数据。但这并没有影响信息的传递，反而可以更加牢固地抓住观众的注意力。这是因为，如果我们的眼睛发现了有趣的事物，那么我们的思维就可以持续地保持专注。

回到方案写作上，我们此处所说的"视觉化"并不是简单地给文字配上图片，而是要对信息做进一步的处理，将信息之间的逻辑关系用一种更直观、更形象的方式呈现出来，从而帮助读者准确而有效地理解内容，甚至快速地记忆。我们将这种处理信息的方式称为"形象化"。

从另一方面来看，"形象化"呈现的目的不止是为了便于读者理解，实际上它也让我们有机会对信息之间的关系做更深入的思考和进一步的梳理。只有我们自己把问题想清楚想透彻了，才有可能从本质上清晰地呈现出相关信息之间的逻辑关系，最终做到"深入浅出"——说话或者文章的思想内容非常深刻，但呈现出来却是浅显易懂。

如何令我们的表达做到"形象化"呈现呢？

结构思考力理论体系中恰好有这样一个工具，叫作"结构罗盘"。通过这个工具，我们可以快速而轻松地实现形象化呈现。

虽然此"罗盘"非彼"罗盘"，但在本质上也具有相通之处。

罗盘，学名为罗经。发明于轩辕黄帝时代，参考日月山河、天象星宿、地理形态等自然规律和运行原则，加以修正改良制造而成。罗盘是风水操作的重要工具，它的基本作用就是测定方位和勘察地形。罗盘由位于盘中央的磁针和一系列同心圆圈组成，每一个圆圈都代表着古人对于宇宙大系统中某一个层次信息的理解。人们凭借经验把宇宙中各个层次的信息全部放在罗盘上，通过磁针的转动，寻找"趋吉避凶"的方位或时间，如下图所示。可以说，罗盘上所标识的信息是中国古老智慧的集中体现。

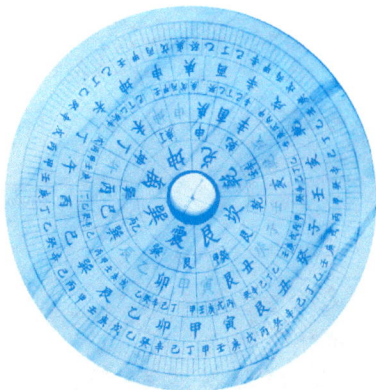

从信息加工的角度看风水罗盘的构造及背后的理论，其实就是信息"结构化"处理之后的结果。宇宙系统的信息量何其庞大，可是古人经过"纵向分层"而后"横向分类"，就可以将它们浓缩在一块小小的盘面上，这种方式本身就是一种以简驭繁的"形象化"呈现。如下图所示。

风水罗盘用来测定方向，"结构罗盘"则用来帮助我们对信息做进一步处理，使其"形象化"。结构罗盘由三大同心圆环组成，由内向外分别代表关系、图示和包装，如下图所示。

实际上，三大圆环正好对应了形象表达的三个步骤，如下图所示。第一步"配关系"，厘清信息要素之间的关系；第二步"得图示"，选择相应的图示，以准确恰当地展现信息关系；第三步"上包装"，通过某种方式对信息做进一步处理，使其更加精炼、简洁，且容易记忆。

这三个步骤可以简称为"配得上"。

也就是说，信息的排列要"配得上"它们之间的逻辑关系，画出的图示（图形、图表）

要"配得上"信息之间的关系，最后的形象化展示要"配得上"信息所要传达的核心思想。变化的是每一步的方法和形式，不变的是信息之间逻辑关系的传递。

接下来我们将对这三个步骤做进一步的说明。

（1）配关系

所谓"配关系"，也就是深入探寻和发现信息要素之间到底是如何相互作用和相互影响的，它们以何种方式形成彼此的连接。

我们对常见的关系进行了梳理和总结，最后将各种关系归类为四种模式，每种模式下又分为四种关系。也就是说，常见的关系一共包括四种模式 16 种关系，如下图所示。

流动模式 （流动）	线性关系
	流程关系
	循环关系
	关联关系
作用模式 （力量）	对立关系
	合力关系
	平衡关系
	阻碍关系
关系模式 （构造）	并列关系
	重叠关系
	包含关系
	分割关系
比较模式 （数据）	成分关系
	排序关系
	序列关系
	关联关系

- **流动模式**

流动模式包括线性、流程、循环和关联四种关系，它表示信息的流动。

- **作用模式**

作用模式包括对立、合力、平衡和阻碍四种关系，对立表示两个或多个力量之间形成对抗，合力表示几个力量合到一起。

- **关系模式**

关系模式包括并列、重叠、包含和分割四种关系，如两个圆或三个圆是并列关系，没有任何交叉，距离更近一点就变成重叠关系，包含则是一个圆在另外一个圆里面，其实都是一种从远及近的关系。

- **比较模式**

比较模式包含成分、排序、序列和关联四种关系，比较模式更多的是关于数据的图示，成分可以用"饼图"表示，排序对应"条形图"，序列可以是"柱形图"或"折线图"。

关于16种关系，如果纯粹用文字描述，相信读者是不易理解到位的。因此，我们有必要使用"图示"帮助读者理解。

（2）得图示

当关系明确后就需要思考，如何用恰当的"图形"将信息要素之间的关系更直观地呈现出来，也就是"得图示"环节。而对于16种关系的说明，我们也在这个环节中，借助"图示"进行更加直观的"解释"。

- **流动模式**

流动模式下的关系重点展示信息的"流动"，信息之间会形成明显的"指向"，形成图示后，我们能感受到其中的"暗潮涌动"。

① 线性关系。线性关系是信息要素构成一种"有头有尾"而且是"从头到尾"的简单流程关系，信息之间的关系始终指向同一个方向，所以称之为"线性"。可能某个节点会产生分支，但这些分支最终还是会汇集到一起。

参考图示：

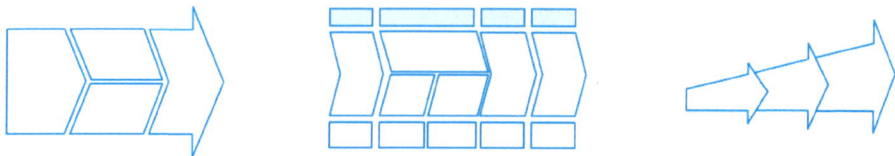

② 流程关系。与"线性关系"相同的是流程化的走向，不同的是在某个或某几个节点产生分支，原有的方向将通过这些节点"跳跃"地指向另一个节点。

参考图示：

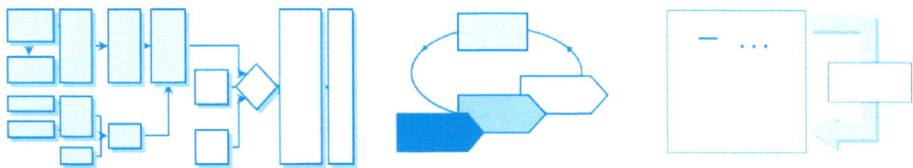

③ 循环关系。信息以环形或回路的方式运行，运行一周后回到原处，表现的是事物周而复始地运动或变化的关系。

参考图示：

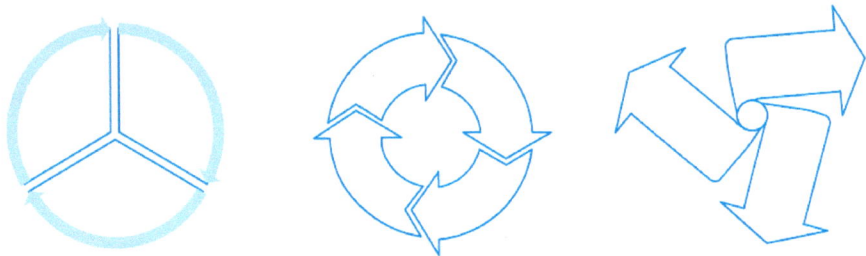

④ 关联关系。该关系体现的是一种"系统"关系，系统中每个要素都与其他多个要素形成关联，最终各个要素构成了错综复杂的系统性联系。

参考图示：

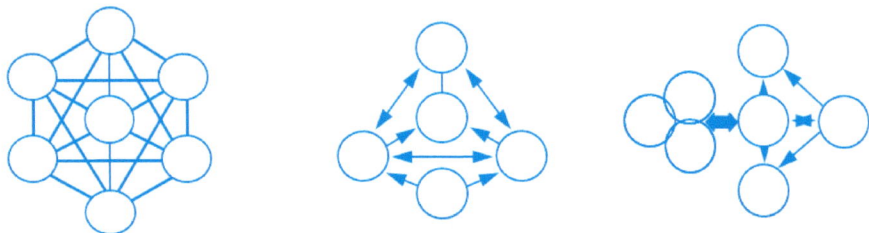

- 作用模式

作用模式体现的是一系列"力量"关系。我们都知道，"力"是在物体对物体的"作用"下产生的，这也是我们为什么称这种模式为"作用模式"的原因。该模式下的关系能让我们感受到因要素之间的"较量"而产生的各种"力"。

① 对立关系。对立关系体现了对抗、冲突、对立和矛盾等，但不是"非黑即白"的极端思维，而是辩证统一思想的体现。

参考图示：

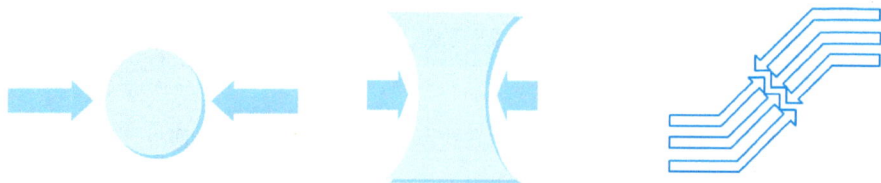

② 合力关系。合力关系体现的是团结、汇集和聚焦等。各要素朝着同一个方向或目标聚集；或者说，这些要素的存在是为了支撑同一个目标；抑或，不管多少要素，都将导致同一个结果。

参考图示：

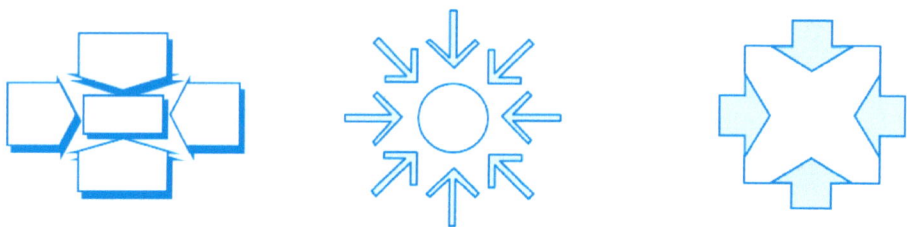

③ 平衡关系。虽然称之为"平衡关系"，但它同样可以展现"失衡"的状态。处于平衡、建立平衡或平衡被打破，这些都可以归为平衡关系。

参考图示：

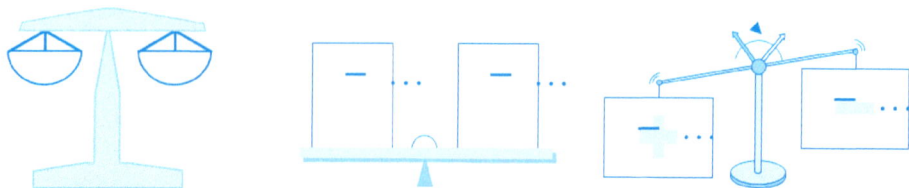

④ 阻碍关系。阻碍关系实际体现了两个方面的关系：一方面是一方对另一方设置的障碍、封锁，或施加的阻力；另一方面则是被阻的一方所进行的突破、渗透。

参考图示：

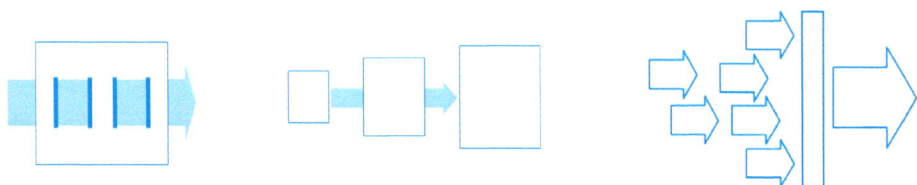

- **关系模式**

关系模式侧重于展示"结构"上的关系，通过图示呈现出来会带给人强烈的空间割裂感，让人们非常直观地感受到"整体"与"部分"之间的关系。

① 并列关系。并列关系的各个要素之间往往是"并驾齐驱"的，它们体现的是一种"平等"关系，让人看不出其中的先后或主次之分。

参考图示：

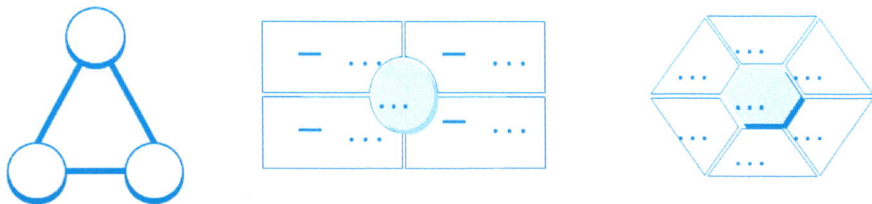

② 重叠关系。重叠关系强调的是"交叉"以及"共有"，要素不同，但拥有共同的属性、特征和内容等。而且，往往这些重叠的部分正是人们要重点关注的对象。重叠关系也可以用来表现要素之间的"融合"，即"你中有我，我中亦有你"。

参考图示：

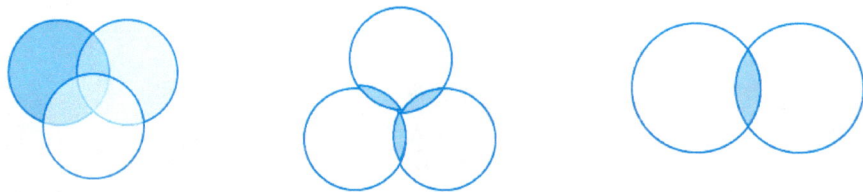

③ 包含关系。包含关系可以非常明显地展现不同要素构成的"集合"之间的"从属"关联。可能涉及"大范围"对"小范围"的包含，"大概念"对"小概念"的包含。

参考图示：

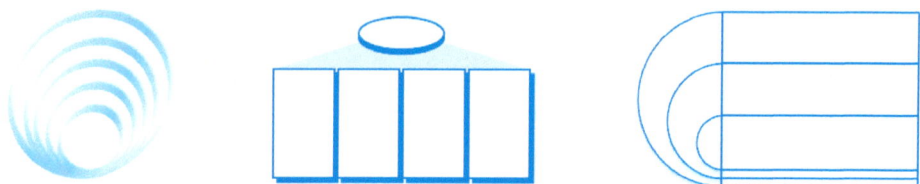

④分割关系。分割关系可以说是这些关系中最能体现 MECE 原则的一项了。用图示呈现可以使用二维矩阵、树状图、金字塔图等。

参考图示：

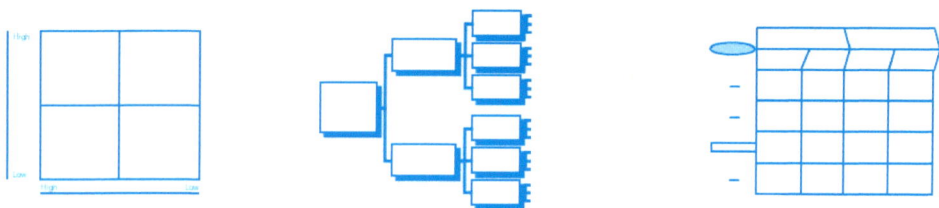

- **比较模式**

与前三种模式不同，比较模式主要用于体现"数据"之间的关系，属于"用数据说话"的类型。

① 成分关系。成分关系表现的是某项数值相对于总数值的大小，一般使用"饼图"表示。

参考图示：

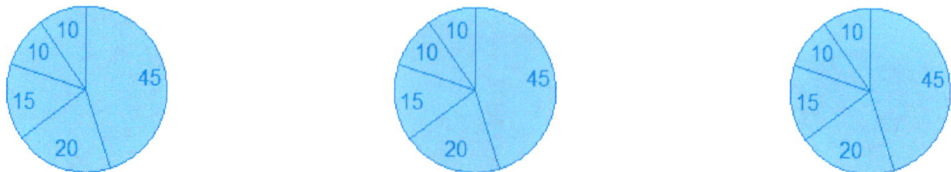

② 排序关系。排序关系体现的是各个数据项之间的比较，一般用"条形图"表示。

参考图示：

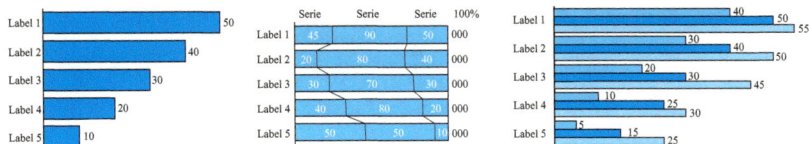

③ 序列关系。序列关系表现的是一段时间内的数据变化或显示各项之间的比较情况，一般用"柱形图"表示。

参考图示：

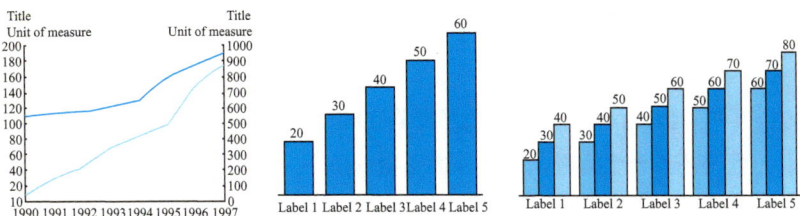

这里需要特别注意"柱形图"与"条形图"的区别。"柱形图"通常用来呈现变量的分布，而"条形图"经常用来比较变量，如下表所示。

柱形图	条形图
呈现变量分布	比较变量
横轴是量化数据	横轴是类别
不同柱一般不能重新排序	不同条可以任意重新排序

④ 关联关系。关联关系表示因变量随自变量而变化的大致趋势，一般用散点图、气泡图呈现出来。

参考图示：

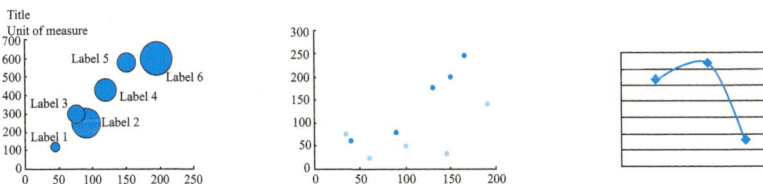

针对前三种模式的 12 种关系，大家可能会感到困惑：前面我们一直强调 MECE 原则，可是这 12 种关系中很多（如重叠、包含）明显不符合这一原则。岂不是自相矛盾？

这里确实有必要进行澄清说明。明托女士提出 MECE 原则的目的主要为了帮助人们更好地"归类分组"，从而更加清晰、准确地进行问题的分析和沟通表达。而此处我们所总结的 16 种关系，则是反映信息或事物之间客观存在的某种关联状态。很多沟通场景下，我们首先需要向对方客观地描述事物当前所处的状态，然后再发表意见和表达观点。因此，调用 MECE 原则处理信息，通过 16 种关系描述事物或信息，两者之间是不冲突的。

至此，我们用"图示"加上文字说明的方式，向大家进一步介绍了四种模式 16 种关系，同时展示了各种关系所对应的参考图示。总而言之，将"关系"图示化不是"为了图而图"，图示化的目的始终是帮助对方更好地理解。

（3）上包装

通过前面两个步骤，我们明确了信息要素之间的"关系"，也找到了合适的"图示"进行展现。可是还有一个问题，那就是信息量依然很大，非常不利于信息的记忆和广泛的传播。这时候，我们就该"上包装"了。

所谓"上包装"，其实是对信息进行特殊加工和处理的一种特别的方式。通过这种方式，原本纷繁复杂的信息将得到高度的提炼和精简，以及更高层次的抽象概括。

举个例子感受一下。

大家知道，人们戴戒指是有讲究的，戒指戴在不同的手指上将传递出不同的信息。

戴戒指有说头

戴在食指上，表示还处于单身状态；戴在中指上，说明正处于热恋中；戴在无名指上，那就是结婚了；戴在小指上，则表示"独身"，包括丧偶、独身主义者。

看完这一段，你能很快记住吗？

相信大多数人都需要花点时间刻意记忆，才有可能记得住。就算记住了，说不定一转身又会忘记。怎样才能快速记忆，而且想忘都忘不掉呢？

我们将这段信息处理一下：

食指	单身（清清白白）	清	清
中指	热恋	热	热
无名指	结婚	结	解
小指	独身	独	毒

所以，最后我们只需要记住"清热解毒"四个字，就能记住整个戴戒指的方法。相信聪明的你已经发现了其中的规律所在。

我们来回顾一下这个过程：

第一步：提取其中的关键词，单身、热恋、结婚、独身；

第二步：对关键词进行处理，单身→清清白白、热恋→热、结→解、独→毒；

第三步：进一步简化，清、热、解、毒。

就这样，原本 58 个字的记忆量，一下子减轻至 4 个字。如果再配上如下图片，那就更加形象生动了。

我们把两种表达呈现方式放到一起做一个对比，你更喜欢哪一个呢？

方式 1	方式 2
戴戒指有说头 　　戴在食指上，表示还处于单身状态；戴在中指上，说明正处于热恋中；戴在无名指上，那就是结婚了；戴在小指上，则表示"独身"，包括丧偶，独身主义者。	

得出"清热解毒"的这样一个过程也就是我们所说的"上包装"方法。

"上包装"的方法可以归为四大类：简化、类比、整合和引用，如下表所示。

简化	类比	整合	引用
拆		词语	广告
隔	形象	字母 / 数字	歌曲
删	行为	颜色	名言
突		部位	流行语

- 简化

简化主要是通过"拆解、隔离、删除、突出"等手段对文字进行处理，将文本数量进行大幅压缩和精简。其过程一般是：一段话→一句话→一个字。如下方示例，将"优化生产指标、降低管理成本、开源做增"简化为"优、节、增"。

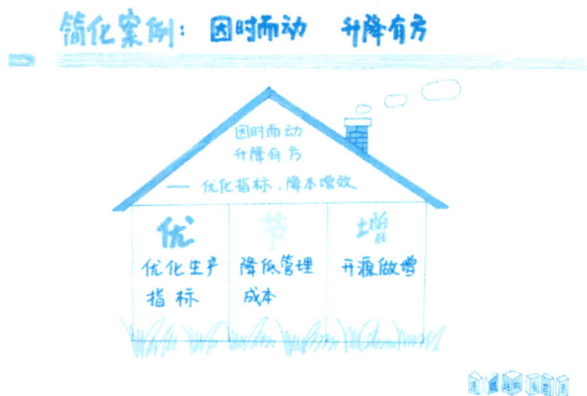

- 类比

将信息之间的关系类比为某一"事物、形象"或某种"行为、动作"。如下方示例，将企业比作"水"，员工比作"船"，企业与员工的关系则比作"水涨船高"。

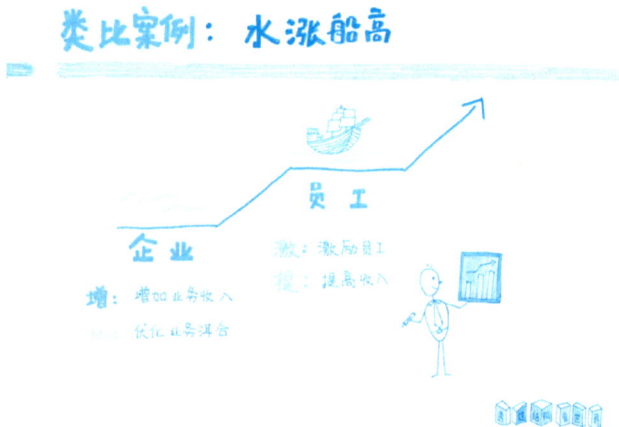

- 整合

整合是使用词语、字母、数字和颜色等形式，将原本零散的信息整合到一起。在我们日常生活和工作中，常常会使用这一方法。例如：出门四件事"伸手要钱"（身份证、手机、钥匙、钱包），ASK（心态、技能、知识）模型，交通123（1看、2慢、3通过），六顶思考帽（蓝、黄、绿、白、红、黑）。"整合"往往需要以"简化"作为先行步骤。看看下方示例，首先使用了"简化"中的"突"——突出显示"筛、设、锁"三个字，然后采用"字母"进行整合——S+S+S，即3S。

- 引用

　　实际上，"引用"包含了"类比"和"整合"思路，只不过它调用了人们耳熟能详的那些广告（广告语）、歌曲（歌名、歌词、音符、旋律等）、名言和流行语等元素。如下方示例，将深化改革的四个步骤分别关联四首歌曲的歌名，并匹配了音符作为图形化展示。

　　在实际运用时，四种方法之间常常是搭配使用，需要打出"组合拳"才能发挥最大的威力。例如"戴戒指"就同时使用了"简化"和"整合"。尤其是"简化"，往往会作为"上包装"最基本的处理方式。因为单纯的"简化"得出的"包装"一般是不"成形"的，还需通过类比、整合或引用的方式进一步使其"形象化"。

另外，在最终演示的时候，"上包装"同样需要配上相应的图示。与前面"得图示"环节不同的是，这里的"图示"是与最终的"包装"相对应的图形，会更加侧重于"形象化"（"得图示"环节的图示侧重于对信息之间关系的展示）。

虽然"上包装"有四类方法，但究其本质，都是为了最终实现"以简驭繁"的目的。最后得出的"形象化"成果实际上发挥了"杠杆"作用——花费少量的时间和精力就能记住更多的信息，而且是更深刻地记住。

回到老王的方案，我们选择其中一个部分进行"配得上"处理：

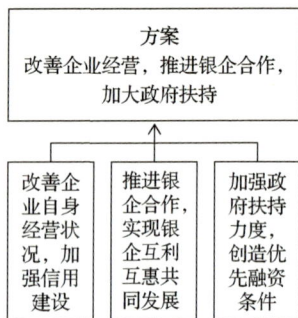

第一步，配关系。

很明显，分别针对企业、银行和政府的三项举措属于关系模式中的并列关系。

第二步，得图示。

三项措施其实是相辅相成、互相促进的，我们选择下方图示：三个齿轮互相带动运转，寓意只有三项措施并举才能取得成效。

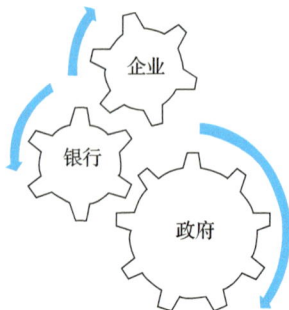

第三步，上包装。

选取"改善、推进、加强"三个关键词，考虑到政府机关的传统习惯，我们采用"整合"中的"数字"方式：1 改、2 推、3 加强，如下图所示。

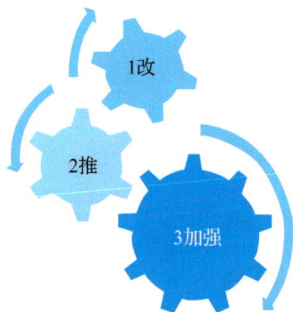

最后，我们可以为整个方案设计标题：

> 中小企业融资 123
> ——1 改 2 推 3 加强，突破中小企业融资瓶颈

回顾三个步骤的全部过程，我们会发现其实从"配关系"到"得图示"是一个视觉化的过程，而从"得图示"到"上包装"则是形象化的过程：

通过这样一个过程，我们就能为枯燥的文字内容配上生动的图示，提炼出形象且易于理解记忆的"包装"。不仅方案的写作可以用，任何有需要的写作场景都能调用这一方法。

在讲到"开放式分类"时我们就说过，开放式分类就是自己构建模型的过程。其实光靠分类是无法实现的，但如果配合结构罗盘"配得上"这个方法，就能轻松设计出各类模型。

结构罗盘的形成，本身又何尝不是一个"模型化"的过程呢！

至此，整个方案的写作就完成了。

其实这一套方法除了方案写作，在其他大型文案的写作中都可以使用。所谓"万变不离其宗"，无论哪种类型（商务环境下）的写作，必须满足的基本要求就是清晰准确、富有逻辑，而这正是"结构化写作"所专注的核心理念。

有心的读者应该已经发现，方案写作的方法与前面三类写作场景的方法似乎存在千丝万缕的联系。前面三类场景的方法好像都在方案写作中出现了。如果你发现了这一点，也说明前面的内容已经理解并记住了。

事实确实如此，除了第五步"形象表达做演示"外，前面四个步骤使用了涵盖前三类写作场景的所用方法和工具，如下表所示。方案写作的这套方法可以说是对前面三类写作场景所有方法和工具的"汇总"，或者说"融合"。

描述问题定方向	描述问题	5W2H 框架
基于目标定主题	确定目标	WA 目标法
	设计序言	SCQA
	设定主题	SPA 原则
纵向结构分层次	自上而下	疑问—回答、2W1H 框架
	自下而上	信息摘要法 / 逻辑推论法
横向结构选顺序	演绎结构	标准式 / 常见式三段论
	归纳结构	三种顺序、MECE、共性

本书在顺序的编排上由始至终都遵循结构思考力"先全局再细节"的原则。核心内容分为四类场景，每一类场景都包含三个或五个步骤，每个步骤配有相应的方法、工具和技巧。在阅读本书的过程中，建议随时在大脑中建立"框架"，带着"框架"去学习和思考，将起到事半功倍的作用。最终，将本书的框架转化为自己的框架，随时在工作中调用。所有设计的工具、技巧，既可以互相搭配形成系统化的方法，亦可以单独使用，应用于各类实际场景中，如下图所示。

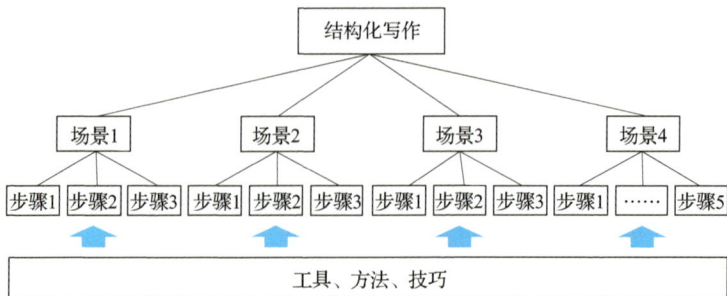

HOW：他山之石，可以攻玉

案例

1. 第一步：描述问题定方向

对问题的解决方案：扩建办税厅，解决拥堵		
5W2H	疑问	回答
WHAT	什么问题？	目前办税厅纳税人排队等候时间长，办税高峰经常出现拥堵现象
HOW	怎么造成的？怎么办？	纳税人呈井喷式增长，现在办税厅场地狭小，无法满足需求，有必要扩建办税厅
WHY	为什么要扩建？	增加办税窗口，满足办税需求
WHEN	什么时候扩建？	尽快实施
WHERE	从哪里开始入手？	从调研开始，了解纳税人增长的数量。在此基础上，研究增设窗口的数量。然后责成相关部门，设计扩建图纸
WHO	需要哪些人配合？	明确各局领导负责，办公室主任牵头，办税厅、××部门负责人配合，并明确各自职责
HOW MUCH	做到什么程度？	增加的窗口数量，能够满足现有办税需求，使纳税人及时办理，不用等候

解析：

从这份表中可以看出，本案例对于 5W2H 问题的理解还不准确，没有认识到现在的步骤是"描述"问题，而不是"分析"问题甚至"解决"问题。

我们按照真正的 5W2H 调整如下：

对问题的解决方案：扩建办税厅，解决拥堵		
5W2H	疑问	回答
WHAT	什么事物出现了问题？	办税厅
HOW	问题是如何发生的？	纳税人呈井喷式增长，到办税厅办事的人越来越多，工作人员忙不过来，高峰时还会出现排队拥堵的现象
WHY	为什么称之为一个问题？	一方面税务工作人员工作强度加大；另一方面，降低了处理税务的效率，浪费纳税人的时间，令纳税人对税务局产生不满情绪
WHEN	什么时候发生的问题？之前发生过吗？问题持续了多长时间？	×个月前就发生了。之前没有出现过。问题一直持续到现在
WHERE	问题发生在哪里？	办税厅

续表

对问题的解决方案：扩建办税厅，解决拥堵		
5W2H	疑问	回答
WHO	谁跟问题有关？	各局领导、办公室主任、办税厅相关负责人
HOW MUCH	问题发生的程度	排队等候时间长达×小时，办税高峰经常出现拥堵现象

可以进行前后对比。修改前，还没有把问题描述清楚就急于分析和提出解决方案，导致整个问题的思考方向可能产生了偏差。我们先往下看，本案例究竟想解决的是什么问题。

2．第二步：基于目标定主题

目标	希望局领导看完建议后，同意扩建办税厅，满足纳税人办税需求
标题	办税不用再等候——扩建后的办税厅实现纳税人即时办理
序言	（S）随着国家"大众创业，万众创新"政策的出台，创业人员增多，我们地区国税部门管辖的纳税人呈井喷式增长。（C）而目前办税厅场地狭小，窗口少，经常出现拥堵。纳税人长时间排队的现象，影响了办税效率。（Q）如何有效解决这一问题呢？（A）有必要扩建办税厅，增加办税窗口数量，充实税务干部，满足纳税人办税需求

解析：

看完序言，我们终于知道了"问题"的前因后果、来龙去脉，我们用一段新的序言重新梳理一下：

（S）受国家政策的影响，出现了越来越多的创业者，甚至呈现出井喷式的增长。随之而来的是前往办税厅办理税务的纳税人也越来越多。（C）可是税务局的办事窗口和工作人员并未随之增加，这就造成纳税人的业务不能被快速及时地处理。遇到高峰时段，就会出现排长队的情况。同时，相对于当前状况，办税厅显得场地狭小，所以经常产生拥堵。（Q）怎样才能减少纳税人排队时间并改善拥堵呢？（A）扩建办税厅，增设窗口并配备充足的工作人员。

也就是说，其中的首要的、核心的问题并不是办税厅是否要扩建，而是如何提高窗口办理税务的速度和效率。问题的根本原因也不在于办税厅小，而是来办业务的纳税人越来越多了，可是提供服务的窗口和工作人员没变，这才造成高峰时段排长队的问题，也才进一步显得办税厅狭小而拥挤（仅根据表述的内容推断）。

因此，如果在"问题描述"阶段不能做到透彻清晰、准确有效，那么后面的环节都可能沿着错误的方向进行，整个过程也将漏洞百出，最后写出来的方案既不严谨又缺乏说服力。

3．第三步：纵向结构分层次

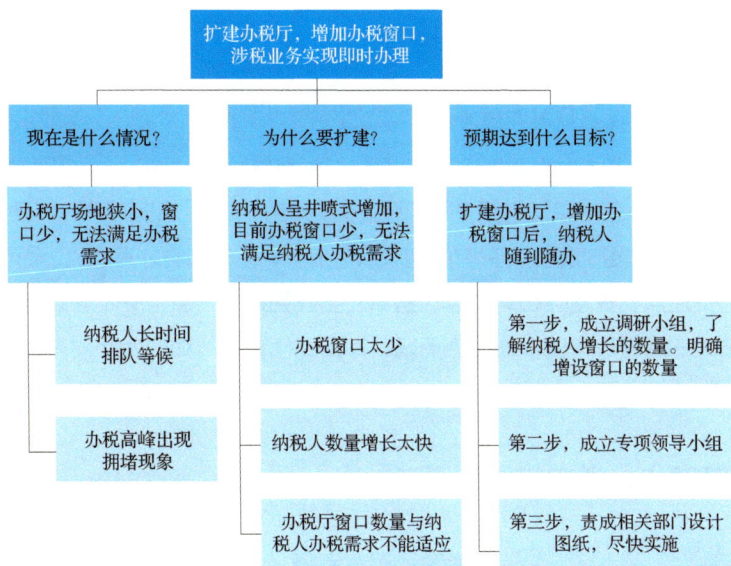

解析：

我们还是按照原有的思路继续。这一环节，按照"疑问—回答"的方式，通过三个问题"自上而下"构建出结构。这里存在的问题包括以下方面。

第一，问题过于简单和笼统。如第一个问题"现在是什么情况？"这样问得未免太随意。另外，如果对方真的这样问你，你能知道他问的是哪方面吗？能知道"情况"是指的现象还是问题吗？所以可以看出，本案例并没有真正去做"换位思考"，依然还是从自己掌握的信息出发设想问题。

第二，没有认真回答问题。如第三个问题是"预期达到什么目标？"一方面只是简单地回答"扩建办税厅，增加办税窗口后，纳税人随到随办"，另一方面，再往下又变成了扩建办税厅的三个步骤。根据前面的思路，这个"目标"应该是"将办税厅扩建到多大，增设多少个窗口，增加多少工作人员"等。

第三，问题太少，同时缺乏换位思考。我们在讲到"疑问—回答"时，始终强调换位思考的重要性，不是为了问而问，更不是从自己已经掌握的信息反向"推导"出问题，而是要尽可能从对方的视角、立场设想其可能提出的问题。例如，针对已有的内容会想到如下问题：

- "办税厅"与"窗口"之间是何关系？如果需要增设窗口，是否一定建立在扩建办税厅的基础之上？
- 如果增设窗口能解决排长队的问题，是否还需要扩建办税厅？
- 非高峰时段是否也会长时间排队和拥堵？是否可以增设临时窗口解决高峰时段的问题？
- 是否可以简化办理税务的流程？
- 税务工作人员能力如何？是否可以通过培训进一步提高？

结合具体情况，还可以问出更多的问题。在"疑问—回答"的步骤中，相对于"回答"来说，"提问"显得更加重要。只有问到"点"上了，你的回答才有意义。而这个"点"就是对方的关注点、兴趣点和利益点。当然，要找到这个"点"并不容易。我们能采取的有效措施之一就是尽可能多地设想问题，不断地问自己"如果我是对方，还可能提出哪些问题？"

4．第四步：横向结构选顺序

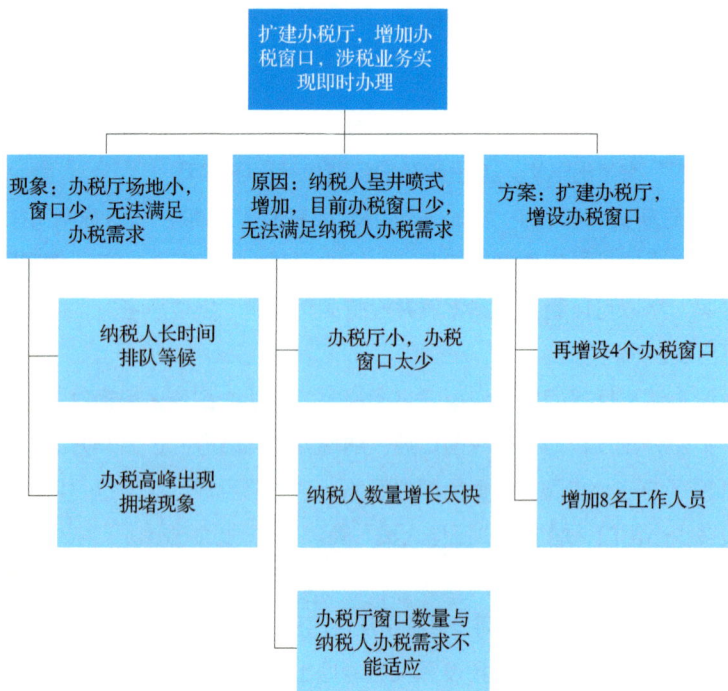

这里采用的是"现象—原因—解决方案"的演绎方式。

其中，"现象"直接就提到"原因"了，真正的现象反而出现在下面那一层："纳税人长时间排队等候"和"办税高峰出现拥堵现象"。实际需要做的是对这两项进行归纳概括，而且概括的方法显然要用到"逻辑推论法"——它们都将导致一个共同的结果，那就是"纳税人难以快速完成办税业务"。而"无法满足办税需求"的概念太大，因为纳税人的"办税需求"肯定不止"速度"这一项。

"原因"部分整体显得很乱。先看下一层的细分项。"办税厅小，办税窗口太少"，从前面的内容看，这两者显然不能放到一起，它们会导致不同的结果。"纳税人数量增长太快"，纳税人增多不是问题所在（也无法改变），办税窗口没有"随需应变"才是问题。"办税厅窗口数量与纳税人办税需求不能适应"，这一条反而可以作为前两者的概括。同时，还可以进一步概括为"税务局窗口产能不足"。

"方案"部分倒是在这个时候给出了明确的预期"目标"，不过还是不够——只说了"办税窗口"和"工作人员"，却没有提"办税厅扩建"的事儿。

结合以上分析，我们可以将结构调整如下：

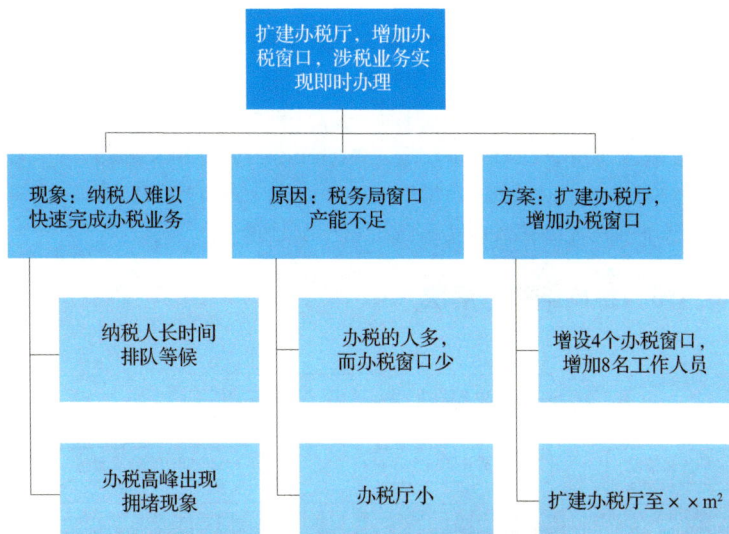

请参照对本案例的分析过程，结合自己对相关方法的理解，从个人的角度对下面的案例进行分析。

案例分析练习：先学会"挑毛病"

1．第一步：描述问题定方向

对问题的解决方案：开展中高层团队建设项目		
5W2H	疑问	回答
What	什么问题？	目前公司新业务的转型需要组织在市场、研发和项目管理上发力，但各层级管理者的管理能力不匹配
How	怎么发生的？怎么办？	现有的管理团队老年化，内部的系统培养尚未开始，青黄不接的现象会越发严重。开展中高层团队建设项目
Why	为什么要开展中高层团队建设项目？	提升中高层管理者的管理能力，适应新业务转型期组织发展需要
When	什么时候开始推行？	建议越快越好
Where	从哪里开始入手？	从团队达成战略规划共识开始
Who	需要哪些人配合？	需要总经理和集团学院大力支持
How much	做到什么程度？	让中高层管理者的管理能力匹配组织发展需要，学员在挑战性任务中取得符合预期的成绩，团队业绩显著提升

2．第二步：基于目标定主题

目标	希望总经理看完我的建议后，同意开展中高层团队建设项目，提升中高层管理者的管理能力
标题	开展中高层团队建设项目，提升组织业绩
序言	（S）近一年来，公司业务从大批量标准产品向小批量多品种特种产品转型。（C）然而，公司业绩增长非常缓慢。（Q）为什么会出现这种现象？（A）根本原因在于中高层管理者的管理能力不能适应新业务转型期组织发展需要。因此，必须开展中高层团队建设项目，让中高层管理者的管理能力匹配组织发展需要，提升组织业绩

3．第三步：纵向结构分层次

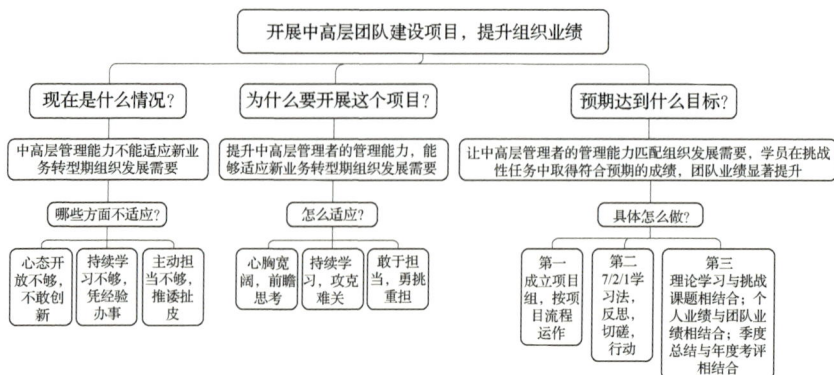

4．第四步：横向结构选顺序

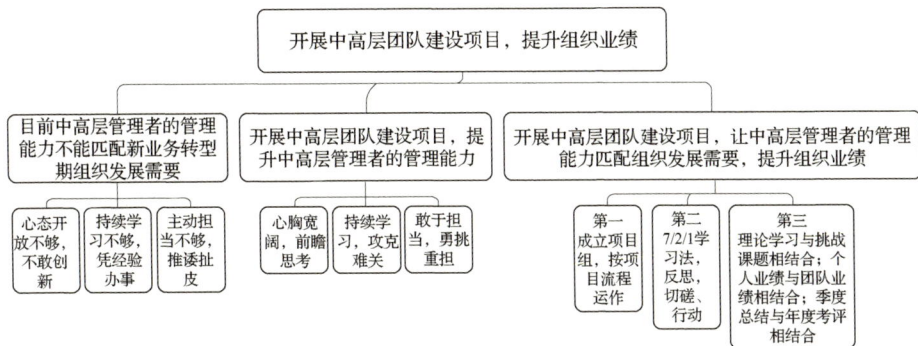

```
              ┌─────────────────────────────────┐
              │ 开展中高层团队建设项目，提升组织业绩 │
              └─────────────────────────────────┘
```

目前中高层管理者的管理能力不能匹配新业务转型期组织发展需要	开展中高层团队建设项目，提升中高层管理者的管理能力	开展中高层团队建设项目，让中高层管理者的管理能力匹配组织发展需要，提升组织业绩
心态开放不够，不敢创新　持续学习不够，凭经验办事　主动担当不够，推诿扯皮	心胸宽阔，前瞻思考　持续学习，攻克难关　敢于担当，勇挑重担	第一 成立项目组，按项目流程运作　第二 7/2/1学习法，反思、切磋、行动　第三 理论学习与挑战课题相结合；个人业绩与团队业绩相结合；季度总结与年度考评相结合

IF：深度学习离不开独立思考

问题1：在与本环节内容相关的方面，您进行实际写作时是否存在困惑？有哪结困惑？

问题2：本小节主要讲了哪些核心内容？请使用您自己的语言进行概括。

问题3：看完本小节的内容，您有什么样的感受？

问题4：对于作者的观点，哪些讲得好，哪些讲得不好？不好的部分您觉得应该如何讲更好？

问题5：在您的实际工作中，您是如何处理类似场景下遇到的问题？

问题6：您觉得本小节的方法可以如何应用到您的实际工作（或学习）中？

实践任务

任务1：请针对本小节主要内容及核心知识点，画出金字塔结构图（或思维脑图）。

任务2：请采用本小节对应的方法写出一份完整的方案。（若您的工作不涉及方案写作，也可换作其他内容的写作，只要信息量足够支撑一个"完整的、能体现出'论证类比'特点的金字塔结构"即可。）

171

后记　跳出结构看结构

思维是一个很大的话题。

相对于整个思维世界，我们所谈的"结构思考"也只是沧海一粟。无论哪一种思维模式，都不可避免地存在一定的局限性。人类不可能仅仅依靠某一种思维模式就解决所有问题。我们能做的就是尽可能多地运用各种不同的思维模式，从多样化的视角看待事物，避免"管中窥豹"或"一叶障目"造成的狭隘。

因此，我们可以跳出"结构"的思维框架，尝试透过其他的视角来观察支撑我们写作的"金字塔结构"。

1. 系统的视角

德内拉·梅多斯提出了一个通过系统的眼光看世界的方式——系统思考。从系统的视角，任何由相互关联的要素组成的集合都可以称之为"系统"。这些系统由三个部分构成：要素、连接、功能或目标。

构成系统的要素不一定非得是有形之物，也可以是触碰不到的无形之物。

例如，如果我们将"结构化写作"视为一个系统，那么它的核心"要素"就是一个个的工具，这些工具通过某种"连接"形成了各种方法，结构化写作这个"系统"的功能则是帮助人们将原本凌乱无序的信息进行加工处理，最后形成一篇让人愿意看、看得懂、记得住的文章。

那么我们的金字塔结构又是怎样一个"系统"呢？

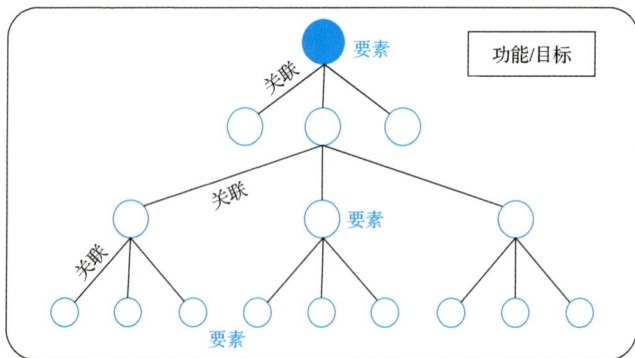

从上图可以清晰地看出金字塔系统的构成。其中，"要素"就是一个个信息项，包括数据、结论、事实、依据等；"关联"则是信息项之间的联系，这些联系形式上是推理论证，核心则是"论证类比"；功能就不言而喻了——帮助人们思考清晰、表达有力。

而各个"信息组"实际上就是一个个小的金字塔系统,这些小金字塔系统彼此之间通过某种联系组成了最终的大金字塔系统。

所以说,系统并不是孤立存在的。一个大的系统中可以包含很多小的子系统,而这个大系统又可能与其他系统共同构成一个更大的系统,从而成为这个更大系统的子系统。

对于系统思考,德内拉·梅多斯提出了一个非常重要的理念,"从关注要素到透视游戏规则"。当要素是无形的事物或者系统非常庞大时,想要罗列出系统中每一个要素进行分析研究几乎是不可能的,而且这一做法也很容易让你"迷失"在系统的细节中而看不清全局。

为了避免这种情况的发生,我们就需要将重心从关注"单个的要素"转移到探寻"要素之间的关联"上。一旦我们看清了要素之间的连接关系,就能了解系统是如何运作的。因此,系统思考有助于我们从本质上看清事物和分析问题。

回到"结构化写作",大家回想一下就能发现,在构建金字塔结构的过程中,我们将更多的精力放在了发现和梳理信息之间的"关联"上,包括最后通过"配得上"进行形象化处理,也是在向观众或读者重点呈现信息之间的联系。

要清晰准确地呈现出信息之间的联系就必须进入深度思考,从本质上抓取事物或信息的属性,然后探寻它们的内在关联。

"结构化写作"建立在"结构思考力"的基础之上,它同样强调"先框架再细节""先整体再具体"的思考顺序。

因此,从系统思考的角度看,"结构化写作"是一种强调整体性、以简驭繁,并且需要进行连续思考才能完成的写作方法。

2. 逻辑的视角

逻辑思维包括概念、命题和推理三个要素。笔者是这样理解它们的,"概念"是逻辑思维的分子,"命题"则是基石,而"推理"就是基石之间的黏合剂。这三个要素共同构筑起人类的"逻辑思维"这栋大厦。

概念可以说是最小的思维单元,用来反映各种各样的事物。没有概念我们就无法描述这个世界。但光有概念还不够,我们需要将各种概念集合起来形成一个观点或者判断,从而得出一个命题。有了命题才能进行逻辑推理,才能构成完整的逻辑思维。

为了保证这栋大厦的稳固,概念、命题、推理这三个要素每个都要做到清晰、准确、合理。否则,这栋大厦的结构就是不稳定的,随时都可能崩塌。如果这个结构用于写作,那么写出来的文章就会缺乏说服力,经不起推敲和置疑。

也正是有了这样的要求,逻辑思维起到了其他思维方式难以企及的特殊作用,包括:

①正确地运用概念；②做出客观准确的判断；③有效的推理论证。当然，前提是你能严格地遵循逻辑思维的原则和要求。这一点我们在"说服"场景中的"逻辑归整"部分已经提出过。

"正确地运用概念"包括清晰地描述、明确地定义，另外还要区分概念所依赖的语境。与之相反，则是对概念进行模棱两可的描述、模糊不清的定义，以及人们最常犯的概念偷换和概念混淆。

"客观准确的判断"涉及两个层面：一是对事物本身的属性特征的判断，包括性质、数量、构造等；二是对事物之间的联系进行判断。

"有效的推理论证"则是说的"言之有理""言之有据"。言之有理要求通过推理得出结论时要遵循逻辑规则，而不能生搬硬套。言之有据要求不光要有结论，还要提供具有说服力的论据。

总而言之，逻辑思维是一种强调客观理性、严谨合理、清晰准确的思维方式。

从逻辑的角度看金字塔结构又是什么样子呢？

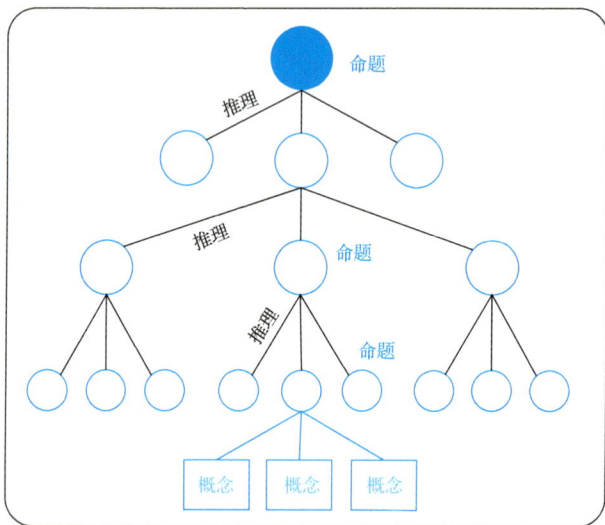

各种概念经过组合形成了最底层的命题（数据、事实、依据），这些命题通过推理的方式在上一层得出新的命题（结论），新的命题再与其他命题一起经过推理在更高一层得出更新的命题。就这样，从最小单元的概念到最终的命题，一层一层地构建起了逻辑思维的大厦，落到写作上也就是一篇文章的框架。

结构化写作中，演绎和归纳这两种推理形式占据了非常重要的位置。前面说过，推理是"黏合剂"，其目的就是要保证命题之间严丝合缝、环环相扣地"黏"在一起。推理越合理、越准确，它的"黏性"也就越强，整个内容表现出来的逻辑性就会很强。

"论证类比"四个基本原则表面上是对表达提出的要求，但其本质却恰恰是对人们思维逻辑性的考量。只有做到清晰描述概念、准确判断关系、言之有理以及言之有据，才能符合"论证类比"的要求。

由此可以看出，一个遵循逻辑规则构建金字塔结构的过程，实际上就是一次完整的逻辑思维的过程。

因此，从逻辑思维的角度看，"结构化写作"是一种强调条理清晰、周全严谨、准确合理的写作方法。

3. 批判的视角

很早之前网上就流行这样一个对比，说的是 A、B 两个老师如何讲授《灰姑娘》。

先看看 A 老师是如何教的：

- 你们喜欢故事里面的哪一个？不喜欢哪一个？为什么？
- 如果在午夜 12：00，灰姑娘没有来得及跳上她的南瓜马车，你们想一想，可能会出现什么情况？
- 如果你是灰姑娘的后妈，你会不会阻止她去参加王子的舞会？你们一定要诚实哟！
- 灰姑娘的后妈不让她去参加王子的舞会，甚至把门锁起来，她为什么能去，而且还能成为舞会上最美丽的姑娘？
- 如果灰姑娘因为后妈不愿意她参加舞会就放弃了机会，她可能成为王子的新娘吗？

再来看看 B 老师的方式：

- 今天上课，我们讲《灰姑娘》的故事。大家都预习了吗？
- 《灰姑娘》是格林童话还是安徒生童话？作者是谁？哪年出生？作者生平事迹如何？
- 这故事的重大意义是什么？
- 开始讲课文。谁先给分个段，并说明一下这么分段的理由。
- 大家注意这句话，是比喻句，明喻还是暗喻？作者为什么这么写？
- 大家注意这个词，如果换成另一个词，为什么不如作者的好？

相信经历过应试教育的朋友一定对 B 老师的教学方法感到十分"亲切"——这不就是我们当年经历过的教育方式吗！无需多言，读者朋友稍作对比就能发现两位老师的教学方法存在明显的不同。

（1）A 老师提出的多为开放式问题，没有进行"对错"的引导；B 老师则更多地提出封闭式的问题，并且会有一些刻意的引导。

（2）A 老师的提问超越了故事本身，是在更高的层次引导学生进行思考；B 老师仍然停留在文章的层面。

（3）A 老师重点引导学生思考人物之间的关系以及这些关系对故事产生的影响；B 老师的重点则在各种零散的"知识点"上，包括作者生平、遣词造句等。

我们可以对最后的结果做出一个大胆的推测：A 老师教出来的学生将拥有很强的独立思考能力，不盲从权威，思维更加发散，视野更加开阔，也更具创造性；B 老师教出来的学生则缺乏独立思考的能力，更容易受到所谓的权威和专家的影响，思维封闭而狭隘，创新性不足。

为什么首先抛出这样一个例子呢？因为它与我们接下来要说的内容密切相关。B 老师采用的这种死记硬背"填鸭式"教学方法，最大的弊病就在于让学生严重缺乏"批判性思维"的训练。

批判性思维（Critical Thinking）这一说法虽然源于西方，但其中蕴涵的理念和思想中国早已有之。

> 博学之，审问之，慎思之，明辨之，笃行之。有弗学，学之弗能，弗措也；有弗问，问之弗知，弗措也；有弗思，思之弗得，弗措也；有弗辨，辨之弗明，弗措也；有弗行，行之弗笃，弗措也。人一能之，己百之，人十能之，己千之。果能此道矣，虽愚必明，虽柔必强。
>
> ——《礼记·中庸》

这虽然说的是治学之道，但其中的"审问之，慎思之，明辨之"隐约已经涉及批判性思维的范畴。

批判性思维发展至今，已经成为一个专门的课题。在中国也已经有越来越多的人进入这个领域进行相关的研究和推广，但人们在批判性思维的训练上仍然处于严重不足的状态。关于批判性思维有诸多专门介绍的书籍，这里不做进一步详述。

批判性思维包括三个主要维度的认知能力：分析、评估、创造性，其中"分析、评估"的核心对象就是"论证"。批判性思维非常重要的部分就是发现论证、分析论证、评估论证。

前面我们说过，标准的论证结构就是"前提→结论"，批判性思维围绕论证展开的思辨过程非常类似于"结构思考力"三层次思维模型（理解—重构—呈现）：首先要辨认论证，即"发现"自己或他人的表述中暗含的论证及论证结构；接着就要进行提取和"重构"，将原本不符合"前提→结论"标准顺序的表述重新调整，并探寻其中是否存在问题；最后，要清楚地描述问题所在并进行解释。

从批判性思维的视角看，金字塔结构与逻辑的视角有些类似：

一个大金字塔结构就是由众多"前提→结论"的论证结构组合而成。正如前面我们说到的，"结论"是一个相对概念，下一层论证中的结论会成为上一层论证中的前提。因此，必须保证其中每一个"前提→结论"的论证结构是"好"论证，整个金字塔结构才是成立的。

那么何为"好"论证呢？至少满足两个条件：①前提为真；②前提到结论的推理有效。也就是说，首先要保证前提是真实可靠而非胡编乱造的，其次要确保从前提推导出结论的过程是合理有效的。如伽利略所说，"在科学的问题上，一千个人的权威，抵不上一个人谦卑的推理"。

在实际写作中，可能并非通篇都是论证，只是其中的某个部分涉及论证，同样也要引起重视。时刻记得审视自己的论证结构是否存在问题：前提是否为真？推理是否有效？有了好的论证作为支撑，文章就会显得非常严谨。

因此，从批判性思维的角度看，"结构化写作"是一种追求真实和理性、避免谬误和排除偏见的写作方法。

我们跳出"结构"的框架，分别从三个不同的思维视角重新审视了金字塔结构，或者说是从新的角度对其进行解读，目的是为了帮助大家看清金字塔结构的本质特征，从而更深入地了解"结构化写作"的各个方法和工具是基于哪些考虑而设计的。如此，"结构化写作"才能助您在写作方面产生最大的收益。

结构思考力学院简介

结构思考力学院是结构思考力提升的开创者，专注于结构思考力的研究、实践与传播，从 2014 年成立至今，服务 500 强等大中型企业超 300 家，面授课程超过 1000 场，线下学员超过 30000 人，线上学员超过 100 万人。

结构思考力学院倡导"透过结构看世界"的生活态度，坚持专注、创新、诚信、尊重的价值理念，以改善国人思维为己任，帮助更多国人做到"思考清晰、表达有力，生活清爽、工作高效"，致力于成为一家值得信赖并受人尊重的、拥有多个领先品牌的综合性教育集团。

结构思考力学院下设企业学习中心、杏壳在线学习中心、青少年学习中心以及思考力研究院，并以思维系列版权课程为核心，提供多样化产品及服务。

企业学习中心

专注于为各大企业的管理者和职业人提供思维系列版权课程，通过思考结构改善，提升组织绩效！

产品1：公开课程
产品2：企业内训
产品3：版权认证

杏壳在线学习中心

以网络平台为依托，为广大用户提供在线教育服务，让更多国人以最低的学习成本收获顶级的思维改善成果！

产品1：在线训练营
产品2：系列微课

青少年学习中心

专注于青少年的思维开发，着重培养孩子的独立思考能力，使他们提早具备未来创新人才的核心竞争力！

产品1：标准课程
产品2：冬/夏令营
产品3：体系转移

思考力研究院

以思考力为主要研究对象，联合国内外相关科研教育机构和专家学者，致力于更符合国人思维特点的思考力问题的研究。

扫描二维码，获取
拓展资料

已引进《结构思考力》版权课的部分企业：